Inhalt

W0045992

Die Lichtrevolution - eine himmlische Vision

Jesus Sananda

Geliebte Erdenbürger, ihr seid in einer Zeit, in der es gerade sehr turbulent auf der Erde zugeht. Manch einer von euch kommt irgendwann in diesem Leben an einen Punkt, an dem er sich fragt: Was mache ich eigentlichen hier? Warum bin ich auf diesem rückständigen Planeten gelandet? Was ist meine Aufgabe? Was soll ich hier tun? Wie geht es weiter mit der Erde, dem Frieden, der finanziellen Lage, mit meinem Arbeitsplatz und meinem Leben?

Meine Lieben, wir möchten euch einladen, euch an das zu erinnern, was ihr alle vor dieser Inkarnation im jenseitigen Bereich empfangen habt. Wir laden euch ein, an einer Erinnerung teilzunehmen. Geht also zurück, zurück in die Zeit vor diese Inkarnation ...

Ihr wart damals im jenseitigen Bereich. Das ist eine Ebene des Friedens, wo sich eure Seele ausruht und ein Zuhause besitzt. Und ihr kennt diesen Ort, in dem eure Seele wohnt, sehr gut. Ihr habt Nachbarn, die euch meist viel vertrauter sind als eure irdischen Nachbarn. Ihr habt auch die Möglichkeit, Freizeitbeschäftigungen nachzugehen. Es gibt Aktivitäten, die euren Geist herausfordern, ihr könnt gemeinsam mit anderen eure Seele erkunden, künstlerische Kurse besuchen, Musikveranstaltungen, euch über andere Planeten informieren, und es gibt einfach Wohlfühlprogramme, in denen ihr es euch gut gehen lasst.

Dort habt ihr euch vor diesem Leben aufgehalten, und ihr werdet auch dahin zurückkehren, wenn die Zeit dafür reif ist.

Meine Lieben, ihr wart also zwischen den Inkarnationen im jenseitigen Bereich. Mit Zeit, wie ihr sie aus der Physis kennt, seid ihr in den Lichtwelten wenig konfrontiert – zumindest spielt sie nicht so eine große Rolle. Aber es gibt Möglichkeiten des Informationsaustausches und der Verabredung.

Und die Chance ist groß, dass ihr an der folgenden Veranstaltung teilgenommen habt!

Es wurde ein Ruf ausgesendet, den alle weitentwickelten Seelen empfangen haben: **Bitte sofort in den Sonnentempel kommen!**

Der Sonnentempel ist ein prachtvoller Versammlungsraum, der in hohen geistigen Ebenen festlichen Zusammenkünften dient. Ihr habt diesen Ruf erhalten und seid in den Sonnentempel geschwebt, geflogen und gebeamt, so wie sich die Seele im feinstofflichen Bereich vorwärtsbewegt.

Der Sonnentempel ist ein Gebäude mit einem offenen Himmel. Die Sonne strahlt hinein. Es ist ein länglicher Raum, der Platz für mehrere tausend Seelen bietet. Er wird von offenen gotischen Pfeilern umrahmt, an denen exotische Blüten entlangranken. Die Chance, dass ihr dabei gewesen seid, ist sehr hoch, denn eure Seele hat euch zu diesem Buch greifen lassen!

Vielleicht habt ihr euch auf dem Weg dorthin gefragt, was das zu bedeuten hat? Solche Einbestellungen sind im jenseitigen Bereich nicht alltäglich.

Ihr seid also dort angekommen, habt euch einen Platz gesucht, vielleicht neben Nachbarn und Freunden. Eine Mitarbeiterin vom Sonnentempel hat darauf gewartet, dass Ruhe einkehrte. Und anschließend hat sie euch mit dem Grund der Zusammenkunft vertraut gemacht:

„Liebe Schwestern und Brüder des Lichtes, ich danke euch für euer rasches Erscheinen! Der Sonnentempel hat einen Notruf empfangen!"

Erstaunte Blicke und verhaltenes raunen setzten ein. Der Raum füllte sich bis auf den letzten Stehplatz. Dann materialisierte sich der Sonnenlogo Ra neben der gutaussehenden Mitarbeiterin des Tempels. Ra ist ein hohes androgynes Lichtwesen im Dualen Universum. Der Sonnenlogo lächelte in die Runde und begrüßte die Anwesenden:

„Das Licht der Göttlichen Quelle sei mit euch! Wir haben die Versammlung einberufen, um zu entscheiden, ob wir in eine Ent-

6

wicklung eingreifen sollen! Für ein Eingreifen bräuchten wir die Unterstützung von weitentwickelten Seelen, wie ihr es seid!"

Es herrschte absolute Stille. In der Zwischenzeit füllte sich der angrenzende Park mit weiteren Seelen. Ra fuhr mit seinen Ausführungen fort: „Es handelt sich um eine Zeitebene des Planeten Gaya. Das Planetenbewusstsein hat angekündigt, bei der nächsten weltweiten, kriegerischen Auseinandersetzung einen Polsprung zu vollziehen. Das würde bedeuten, dass eine Zeitplattform zur Inkarnation ausscheidet und alle Seelen, die derzeit auf dieser Ebene von Gaya leben, in den jenseitigen Bereich zurückkehren. Derzeit sind das in etwa Dreimilliarden Seelen. Sie im jenseitigen Bereich aufzunehmen ist keine Herausforderung! Wie ihr wisst, verfügen wir über genügend Platz für alle!"

Er wandte sich an seine hübsche Mitarbeiterin: „Jasinka hat für diejenigen, die mit den Geschehnissen auf Gaya nicht vertraut sind, noch einige Hintergrundinformationen." Ra nahm Platz.

„Die betreffende irdische Zeitebene schreibt das Jahr 1945 und es hat in den letzten drei Jahrzehnten zwei weltweite, kriegerische Auseinandersetzungen gegeben. Große Teile der Zivilisation sind zerstört! Die stark dezimierte Bevölkerung leidet unter Hunger und allen erdenklichen Entbehrungen. Die Opfer- und Kämpfermentalität sind sehr ausgeprägt. Des Weiteren wurde gerade eine neue Waffe entwickelt, die mit Kernspaltung arbeitet. Wenn diese Bombe explodiert wird eine Druckwelle erzeugt, die nach oben in die Stratosphäre aufsteigt, und diese Druckwelle beschädigt die Schutzhülle des Planeten. Bei der nächsten weltweiten Auseinandersetzung oder einem größeren Einsatz dieser Waffen wird der Planet das Notfallprogramm aktivieren und diese kriegerische Bevölkerung komplett abschütteln."

Jasinka setzte sich und Ra fuhr fort:
„Das Notfallprogramm beim Planeten Erde bedeutet, dass er einen Polsprung ausführt. Mit anderen Worten: Der Nord- und der Südpol tauschen die Seite! Was zur Folge hätte, dass alle Kontinente überspült

werden und die gesamte Bevölkerung, das Pflanzen- und Tierreich von diesem Planeten weggespült würden. Das bedeutet, dass der Planet zurücksinkt auf eine Entwicklungsstufe, auf der Höhlenniveau herrscht."

Der Sonnenlogo schaute in die Runde und erfasste die riesige Versammlung:

„Die Frage, die wir euch stellen möchten, ist folgende: Legen wir unsere Hände in den Schoß und schauen dabei zu oder starten wir einen Rettungsversuch? Denkt bitte über diese Frage nach und informiert befreundete Seelen in euren Monaden über diese Ankündigung! Wir treffen uns wieder an diesem Ort, um eine Entscheidung zu verkünden!"

Das war sinngemäß die Mitteilung, die ihr erhalten habt in der ersten Versammlung.

Nach der Ankündigung war es sehr still und nachdenklich verließen die Einberufenen den Sonnentempel.

Ihr wurdet zurückgeschickt in eure Monaden, das sind größere Seelengruppen, die zusammenleben und in etwa die gleiche Entwicklungsstufe haben. Die Nachricht vom Planeten Gaya verbreitete sich über den gesamten jenseitigen Bereich. Es gab zahllose Zusammenkünfte, in denen gemeinsam Pläne geschmiedet wurden, was zu tun sei, um diesen rückständigen Planeten zu retten und die Menschheit auf einen neuen Weg zu bringen!

Und dann hat es wieder neue Versammlungen im Sonnentempel gegeben und viele, die in ihrer Entwicklung so weit waren, dass sie nicht mehr hätten weiter inkarnieren müssen, haben sich bereit erklärt, noch einmal in die Physis zu gehen, noch einmal ihre ganzen Kräfte einzusetzen, um das Niveau dieses kriegerischen Planeten anzuheben.

Meine Lieben, das ist der Grund, weswegen ihr heute hier seid!

Ihr habt sehr viel erreicht! Es sind danach nie wieder Atombomben bei Streitigkeiten zwischen Ländern eingesetzt worden. Es hat danach keinen Krieg gegeben, der weite Flächen der Erde überschritten hat, und es haben sich millionenfach Seelen gemeldet, um diesen Planeten zu retten und in eine lichtvolle Richtung zu lenken.

Ihr seid auf einem guten Weg. Aber es ist wichtig, dass ihr weiter mitmacht! Es ist wichtig, dass ihr weiter an euch arbeitet und den Mut entwickelt, euch für das Positive einzusetzen!

Meine Lieben, wir wissen, dass gerade der Eintritt in die höhere Schwingungsebene sehr viele Energien nach oben bringt, die euch auf einmal spüren lassen: Meine Sicherheiten brechen weg! Hat es überhaupt Sinn sich weiter einzusetzen?
Ihr werdet überrollt mit Ängsten, Unsicherheiten und der globalen Diktatur des Geldes. Viele Emotionen fliegen durch das kollektive Bewusstsein, auch die Energien von anderen Menschen, die gar nicht eure sind. Und gerade in dieser Zeit ist es wichtig, dass ihr immer wieder euer Gleichgewicht herstellt. Richtet euch positiv aus, heißt den Frieden in eurem Inneren Willkommen! Und entwickelt positive Visionen für die Zukunft, sowohl in eurem Leben, als auch in dem Zusammenleben aller, die diesen Planeten bevölkern. Lasst nicht zu, dass eine Minderheit von Fanatikern und geldgierigen Extremisten alles an sich reißt!
Ihr seid Lichtarbeiter, und ihr seid auf diesen Planeten gekommen, um Freiheit, Fairness, Lebensfreude, Bewusstheit, Frieden und Gleichberechtigung zu etablieren! Möglicherweise ist das leichter zu erreichen als ihr glaubt.

Wir möchten euch mit diesem Buch Informationen über die Hintergründe der derzeitigen Situation weitergeben und euch mit euren göttlichen Fähigkeiten vertraut machen!

Jesus Sananda, Sommer 2014

Das Gebot der Stunde lautet: Nimm deinen göttlichen Raum ein!

Wir, die aufgestiegenen Meister und Erzengel fordern jeden Einzelnen auf: Nimm deinen angestammten Platz ein! Suche Deine Mitte, deine Balance und den Frieden in deinem Herzen. Dehne dich aus und erfülle deine Aura mit Hoffnung und Zuversicht – das ist das Gebot der Stunde!

Was bedeutet es nun, deinen eigenen Platz einzunehmen:

Wenn du in dir Freude trägst und mit göttlicher Kraft erfüllt bist, wirst du anders auftreten! Es ist dann selbstverständlich, dass du gelassen bleibst, wenn sich Termine verschieben, wenn eine jüngere oder ältere Seele deines Umfeldes deine Hilfe benötigt. Es geht auch darum Situationen nicht mehr zu ertragen! Nein zu sagen, wenn es angebracht ist!

Deinen Raum einnehmen kann auch bedeuten, deine Wahrheit zu sagen und dich nicht von armseligen Argumenten ausbremsen zu lassen. Es heißt auch: Für deine Bedürfnisse einzustehen, sich für Gerechtigkeit einzusetzen. Fair zu sein ist das Gebot der Stunde!

Ihr seid auf der Erde umgeben von galoppierenden Emotionen, die von unbewussten Menschen ausgesendet werden. **Im neuen Energiefeld wird jeder Mensch zum Sender und Empfänger.** Und es laufen einige herum, die ihre Freizeit in Kriegsspielen am Computer verbringen. Bei anderen verändert sich gerade das Leben und sie senden ihre Emotionen der Unsicherheit aus.

Nun stellt sich die Frage: Mit welcher Energie startest du in deinen Tag?

Falls du tagsüber häufig ungehalten und unzufrieden bist, hast du vielleicht vergessen, dich am Morgen zu schützen und positiv auszurichten?

Viele von euch verfügen über ein umfangreiches spirituelles Wissen, was ihr auch anwenden dürft! Verbindet euch mit eurem göttlichen Hohen Selbst, mit der göttlichen Quelle und erfreut euch eures Lebens. Nehmt euch Zeit für euch selbst!

Was bedeutet es nun, Sender und Empfänger zu sein?
Ihr seid eingetreten ins Wir-Bewusstsein! Das bedeutet, dass sich eure Aura und damit, das von euch erzeugte Energiefeld nach außen versendet. Den Zustand, den ihr in eurem Inneren fühlt, schickt ihr in die Welt. Gleichzeitig werdet ihr dadurch medialer, und wenn ihr befreundete Seelen trefft, ergeben sich tiefe Erkenntnisse und fantastische Möglichkeiten. Euer Herz geht eine Verbindung ein, welche sich sehr wohltuend auf eure Gefühle auswirkt. Ihr freut euch und teilt wertvolle Erkenntnisse. Aber diese Öffnung kann auch bewirken, dass ihr für alle Energien empfänglich werdet, die über die Erde rauschen. Deshalb ist es so wichtig, in welchem selbsterzeugten Zustand ihr euren Tag beginnt! **Übernehmt die Verantwortung für eure Gedanken und Gefühle! Es war nie wichtiger als jetzt!**

Angenommen, ihr beginnt euch bereits morgens im Bett zu sorgen um euer sinkendes Budget, eure Kinder, eure alten Eltern, eure Arbeitsstelle, über die Sendung, die gestern euren Fernsehabend verdorben hat, über eure unverschämten Nachbarn und tausend andere Möglichkeiten, dann werdet ihr vom Wir-Bewusstsein mit all jenen zusammengeschaltet, die sich auch gerade Sorgen machen. Das heißt, eure Sorgen potenzieren sich und der Tag wird so richtig bescheiden! Wann versteht ihr endlich, dass ihr Schöpfer seid?

Aber es geht auch anders: Ihr werdet morgens wach, öffnet euer Herz für einen wundervollen Tag, seid offen für himmlische Unterstützung, geistige Erkenntnisse und brillante Ideen, ihr freut euch auf die Möglichkeiten, die sich heute ergeben werden, seid voller Dankbarkeit für eure Einrichtung, euren gutgefüllten Kleiderschrank, eure technische

Ausstattung, euren vollen Kühlschrank, euer Auto und all die befreundeten Seelen, die ihr wiedergetroffen habt! Ihr hüllt euch ein in das göttliche Licht der Quelle und ruft die Unterstützung ab, die euch von dort zur Verfügung gestellt wird, ohne festzulegen, wie das genau auszusehen hat. Spürt eure Seele und ladet sie ein, euer Leben mit zu gestalten! Lächelt eurem gigantischen Tag entgegen und erfreut euch an der himmlischen Kraft, die euren Körper erfüllt und sich mit all jenen verlinkt, die diesen Planeten in ein Paradies für alle umgestalten möchten! Vielleicht ist es einfacher als ihr glaubt.

Meine Lieben, es reicht nicht aus, es nur zu lesen. Ihr dürft euch entscheiden, es anzuwenden! Dann geht es euch schlagartig besser!
Als ihr in dieses irdische Leben gestartet seid, wurdet ihr vorbereitet auf eine Phase großer Veränderungen. Ihr wusstet, dass ihr alle mit großen Herausforderungen konfrontiert werden würdet, und jetzt befindet ihr euch im Auge des Hurrikans.
Alle Entscheidungen, die ihr aus Angst, Verzweiflung oder Gier trefft, bringen euch weg von eurem Herzen und eurer Seele! Es geht für jeden Einzelnen darum, dass ihr euch den Raum nehmt, der euch zusteht. Ihr werdet von eurer Lebenssituation so lange herausgefordert, bis ihr es tut und zu diesem Schritt bereit seid. Öffnet euch für himmlische Unterstützung! Die Scharen der Engel und Lichtwesen möchten euch gern begleiten. Ladet sie ein!

Die Zeit der Stagnation und ihre Ursachen

Frage:
Wie geht es weiter mit meiner Selbstständigkeit? Ich habe das Gefühl, dass seit zwei Jahren vieles stagniert und frage mich manchmal, ob ich auf spirituellem Gebiet überhaupt eine Zukunft habe?

Konfuzius
Nun, eine Zukunft hast du, wenn du sie mit deinem Herzen anstrebst! Wenn dein Interesse sich verändert, dann gäbe es auch die Möglichkeit, sich auf neue Gebiete zu begeben. Aber es gibt etwas, was wesentlich ist und das sind die Auswirkungen der neuen Energie, in welcher ihr seit 2013 zu Hause seid. Auf sehr viele Menschen, die auch schon an sich gearbeitet haben, wirkt sich diese Schwingung erst einmal so aus, dass sie das Gefühl haben, alles ist am Stagnieren und jede Tätigkeit wird ausgebremst.

Es ist wichtig, dass ihr lernt über das Herz euer Leben zu bestimmen. Wenn ihr im Herzen seid, dann könnt ihr sehr viel rascher als früher Dinge bewirken und auch in euer Leben ziehen. Aber das funktioniert nicht über den Verstand, über das Ego. Es funktioniert nur in Verbindung mit dem Herzen!
Du weißt es eigentlich und hast diesbezüglich auch Übungen in deinen Seminaren. Es geht dabei um das Wünschen. Die Wirkung hat sich in dieser Zeit geradezu potenziert, sie ist unglaublich schnell, nur dürft ihr es anwenden.

Wenn du dich dabei ertappst, dass du eher deine Sorgen nährst, dass du eher darauf ausgerichtet bist, wie kann ich gegen die drohende Abwärtsspirale ankämpfen? Dann bist du im Ego und nicht im Herzen! Wenn du der Frage: „Möchte ich überhaupt weitermachen?" Aufmerksamkeit schenkst, dann verstreuen sich deine positiven Bestellungen in alle Richtungen und dementsprechend sendest du auch nicht so starke Wellen aus, die Menschen erreichen, um zu dir zu kommen.

Wenn du sicher bist, dass du weiter Seminare geben möchtest – und wir können dir versichern, dass du sehr bereichernde Seminare gibst, die bei vielen Menschen enorme Entwicklungsschritte auslösen – dann solltest du dieses Ziel mit deinem Herzen anstreben! Aber wenn du nicht sicher bist, was du in der Zukunft tun möchtest, sendest du kein starkes Signal. Du sendest dann ein Signal, was eher gehemmt ist und deshalb ist deine erste Aufgabe, dir klar zu werden, was du tun möchtest! Das geht im Moment sehr vielen so!

Es ist auch nicht sinnvoll, wenn du Überlegungen anstrebst, die sinngemäß sagen: „Ich probiere es jetzt noch einmal, aber wenn sich in einem halben Jahr nichts getan hat, dann werfe ich das Handtuch." Das sind Überlegungen, die von Unsicherheit zeugen! Von nicht wissen, was du willst und daraus ergibt sich kein starkes Signal!

Meine Liebe, wichtig ist in dieser Zeit, in der ihr in der neuen Energie seid, dass ihr lernt euer Leben mit dem Herzen zu überprüfen. Stimmt es für mich? Möchte ich das? Gestalte ich mein Leben aus dem Herzen oder aus dem Ego? Richte ich mich nach anderen? Gestatte ich ihnen, meine Entscheidungen zu beeinflussen? Verbiege ich mich oder rede ich mir gar ein, dass ich das jetzt alles tun muss, obwohl es mir keine Freude bereitet? Das sind Energien, die jetzt sehr massiv in eurem Leben wirken!

Seitdem die Erde in der neuen Energie ist, sendet eure Aura **ungebremst die Energie der Schöpfermacht aus!**
Das bedeutet, eure Gedanken und alles, was ihr konstruiert in euren Köpfen, sich unmittelbarer umsetzt und im Außen Realitäten erschafft. Da aber viele Menschen in Deutschland, in Europa, auf der

Erde noch immer keine Ahnung von Spiritualität, Selbstreflexion und positivem Denken haben, kommen in dieses kollektive Bewusstsein auch jede Menge Frust und Ausweglosigkeit und alle möglichen Emotionen von Menschen, die noch nicht geheilt sind, hinein. Sie senden ihr eigenes Programm aus!

Das wiederum hat die Wirkung, dass jemand, der an sich gearbeitet hat, aber keine Klarheit in seinem Kopf erzeugt und nicht mit dem Herzen dabei ist, sondern eher so ein bisschen verwaschen hin- und herspringt, dass der dann auch noch zusätzlich über das kollektive Bewusstsein empfänglich wird für eine chaotische Energie, die sich verstrahlt von unbewussten Personen.

Was die Situation darüber hinaus erschwert, sind das Schwinden des Geldes und der bevorstehende Zusammenbruch eures Finanzsystems und die Kampfhandlungen des Militärs.

Gut, meine Lieben, das ist sinngemäß ein Zeitbild, was gerade in eurer Welt abläuft! Und es ist in dieser Zeit absolut wichtig, dass ihr die Harmonie in eurem Herzen herstellt und mit Freude, Leichtigkeit und Zuversicht in euren Tag startet. Dann könnt ihr wiederum eure Schöpfermacht so ideal umsetzen, dass es eine Freude ist, hier zu sein, um zu erleben, wie dieses neue Energiefeld wirkt. Das ist in dieser Zeit die wichtigste Aufgabe, die ihr erlernen dürft!

Wenn ihr nicht in der Balance seid, dann spürt ihr, dass da von außen eine Menge Energie kommt, die sich eher wie eine unverdauliche Suppe der Unsicherheit und Aggression anfühlt. Das ist das Energiefeld der Angst, was erzeugt wird von vielen unbewussten Menschen, die unkontrolliert ihre Gedanken und Emotionen aussenden. Davor dürft ihr euch schützen, indem ihr gut zu euch selbst seid und immer mit dem Herzen abklärt, was jetzt wichtig ist. Hetzt euch nicht! Und steigert euch nicht in Ängste hinein! Seid liebevoll zu euch selbst. Das würden wir euch empfehlen!

15

Privilegierte eures Finanzsystems

Kuthumi

Eure irdische Ebene hat den Schritt in eine höhere Bewusstseins-
schwingung erreicht und ihr werdet geflutet mit Energien aus dem
Paralleluniversum, die einen freiheitlichen Rhythmus verkünden. Und
das wiederum hat enorme Auswirkung auf die Gebiete eures Planeten, in denen sehr große Ungerechtigkeiten herrschen. Diese Regionen
geraten unter erhöhten energetischen Beschuss. Was zur Folge hat,
dass die Menschen aufstehen und sinngemäß sagen: „Bis hierhin und
keinen Schritt weiter! Wir möchten eine Veränderung – es reicht!"

Meine Lieben, es gibt auch in Europa und anderen Industrienationen
verschiedene Entwicklungen, die sich zugespitzt haben. Das Geldver-
dienen und Steuerhinterziehen wird zu einer Art Sport. Ihr seid es
gewohnt, bestimmten Berufsgruppen ungeheure Summen zu zahlen.
Das sind beispielsweise erfolgreiche Sportler, Manager von Großunternehmen, Vermittler für Steuerflucht, Spekulanten der Börse, Lobbyisten und noch einige andere, die dem alten System unmittelbar
dienen. Diese Berufsgruppen werden bei euch hochgradig überbezahlt.
Da gibt es eine Elite, der es gut geht, und die mit Geld nur so um sich
wirft. Sie lebt nach dem Motto: Was kostet die Welt?
Auf der anderen Seite steht die normale Bevölkerung, die täglich ihre
Arbeitskraft zur Verfügung stellt und immer schlechter bezahlt wird.
Hier schleicht sich eine versteckte Sklaverei ein, die es zu beenden gilt!

Ihr werdet überflutet mit Billigprodukten, die in Ländern hergestellt
werden, in denen die Arbeitsverhältnisse sehr schlecht sind. Seit Jahrzehnten verlagern Firmen ihre Produktion ins Ausland, weil sie dort
günstiger produzieren können oder Steuervorteile haben. Die Rech-
nung, dass sie dann ihre Produkte, auf ewig auf dem Europäischen
Markt verkaufen, geht in so fern nicht auf, weil gleichzeitig auch die

Arbeitsplätze und Verdienstmöglichkeiten aus Europa abwandern. Nun habt ihr ein Ungleichgewicht erreicht, dass heute ein normaler Arbeiter kaum noch für seinen Lebensunterhalt aufkommen kann, weil sich die Lohnverhältnisse in Europa und allen Industrienationen in einer Abwärtsspirale befinden. Selbstständige und Handwerker kämpfen um ihr Überleben, weil die Auftragslage sehr schlecht ist. Der Staat nimmt zu wenig Steuern ein und die Infrastruktur bekommt Risse. Es ist kein Geld mehr da zur Sanierung von Straßen, Schulen, Museen, Sportanlagen und Schwimmbädern. Vieles, was in Gemeindebesitz ist, verfällt.

In den Familien müssen entweder beide Eltern arbeiten gehen und Geld verdienen oder ihr benötigt einen Nebenjob, um als Alleinverdiener für die Ausgaben aufzukommen. Diese Entwicklung wird mit jedem Jahr stärker! Die Lebensqualität entspricht nicht mehr dem, was ihr in eurem Inneren als gerecht empfindet.

Mit der neuen Energie seid ihr im WIR-Bewusstsein. Das Wir-Bewusstsein bedeutet, dass ihr nicht mehr mit Ellenbogenmentalität für euch selbst das Beste rausholt und alle anderen draußen im Regen stehen lasst. Es bedeutet, dass ihr spürt, wir - als Volk - müssen die Realität für alle Menschen so gestalten, dass alle gleichberechtigt sind und faire Chancen haben!

Meine Lieben, das ist die Veränderung, die durch das neue Energiefeld begünstigt wird! Im **Wir**-Bewusstsein ist das Volk – die Gruppe stark. Aus diesem Grund sind Gespräche mit Gleichgesinnten und gemeinsame Aktivitäten sehr energiegeladen. Bildet Gesprächs- und Meditationsgruppen, in denen ihr über eure Situation sprechen könnt!

Jeder Planet besitzt ein Problemthema

Kuthumi

Ihr befindet euch im Dualen Universum und durchlauft als Seele einen Inkarnationszyklus. Das bedeutet, ihr werdet viele Male in der Physis geboren und entwickelt euch mit jedem weiteren Leben vorwärts. In diesem Universum gibt es eine Anzahl bewohnter Planeten. Nur werdet ihr sie mit euren Teleskopen nicht entdecken, weil sie eine andere Schwingungsfrequenz haben. Eure Messgeräte sind auf irdische Schwingung ausgerichtet, aber kein anderer Planet besitzt eure Frequenz. Also schaut ihr in den Himmel und stellt fest: Wir sind die Einzigen im Universum!

Nun ja, das ist eines von vielen Irrtümern. Das Duale Universum verfügt über einige bewohnte Planeten. Und jeder Planet besitzt ein Problemthema, welches dort mit Leidenschaft und Inbrunst durchgespielt wird! Dieses Thema spitzt sich nur auf einem Planeten im Dualen Universum auf so dramatische Weise zu. Es wird dermaßen auf den Höhepunkt getrieben, bis es plötzlich heißt: Entweder wir finden jetzt eine Lösung oder wir gefährden das Weiterleben aller und das Funktionieren als Gesellschaft.

Auf Sirius sind es die Kunst und die Intrigen. Auf Mardock sind es die Gen-Manipulation und das Aussterben der Gesellschaft durch Kinderlosigkeit. Auf den Plejaden sind es die absolute Kontrolle und die Gängelei der Masse der Bevölkerung durch eine Elite.

Wenn ein Planet in der Schwingung erhöht wird, kocht das Problemthema so hoch, dass es für alle unübersehbar wird.

Frage:
Ist das Thema der Erde auch die absolute Kontrolle? Oder haben wir mehrere Themen?

Kuthumi

Nein, ihr habt auch nur ein Hauptthema. Aber es strahlt natürlich in andere Bereiche aus, so dass es sich letztendlich wie ein Krebsgeschwür präsentiert. Und es ist auch wahr, dass ihr die Themen anderer Planeten ansatzweise übernehmt. So gibt es bei euch auch Regionen, wo die Machthaber die absolute Kontrolle anstreben, und es gibt Paare, die keine Kinder bekommen, oder Intrigen und Eifersucht unter Schauspielern und Künstlern. Es ist normal, dass es überspringt, aber es wächst sich dann nicht zum Hauptthema aus.

Da ihr bei euren Inkarnationen auch die Planeten wechselt, bringt ihr Prägungen mit, welche dann auch auf der Erde durchgespielt werden. Aber sie haben nicht die Macht, sich über den gesamten Planeten zu verbreiten.

Frage:
Wenn ich an die NSA-Affäre denke, habe ich schon das Gefühl, dass Kontrolle unser Thema sein könnte?

Kuthumi

Wenn ihr einen bestimmten technischen Entwicklungsstand habt, ist Kontrolle automatisch ein Thema. Aber eure Aktivitäten auf diesem Gebiet sind, mit den Plejaden verglichen, doch eher simpel. Ihr hört die Telefonate ab und kontrolliert den Datenaustausch im Netz. Das Ganze geschieht über Suchmaschinen, die auf bestimmte Begriffe programmiert sind. Wenn ihr in einem Handygespräch das Wort „Bombe" aussprecht, reagiert der Terrorscanner und das Gespräch wird dann mitgehört. Alle harmlosen Unterhaltungen fallen durch den Filter und bleiben unbeachtet. Das trifft auf die unauffällige Masse der Bevölkerung zu!

Darüber hinaus gibt es Personen, die durch ihre Machtstellung interessant sind und abgehört werden und andere, die durch Straftaten der Vergangenheit ebenfalls überwacht werden.

Diese ganze Überwachung hat auch einen Vorteil: Es können damit Verbrechen verhindert werden und bösartige Ränkespiele kommen früher ans Licht. Es hat den Nebeneffekt, dass zumindest Personen in gehobenen Positionen über gesetzeskonforme Formulierungen nachdenken, bevor sie sprechen.

Diese Überwachung gibt es seit mehr als 50 Jahren, wobei durch Erfindung der Computer, des Internets und der Handys das Ganze noch einmal intensiviert wurde. Es gibt sie in allen Ländern, aber in Amerika ist sie, bedingt durch die aggressive, angstgesteuerte Außenpolitik, besonders ausgeprägt.

Eure Aufgabe in diesem Spiel ist es, dass ihr euch nach außen so präsentiert, dass die Informationen, die ihr von euch offenbart, auch jeder wissen darf.

Im jenseitigen Bereich gibt es auch keine Geheimnisse, aber jeder achtet eure Privatsphäre. In diese Richtung geht die Entwicklung auch in der Physis. Erschafft Gesetze, die den Menschen und dem Schutz ihrer privaten Angelegenheiten dienen.

Gut, lasst uns einen Blick auf die Kontrollmöglichkeiten der Plejaden werfen:

Jedem Kind, welches dort geboren wird, wird ein Mikrochip unter die Haut gepflanzt. Er sendet ein Signal aus über den Aufenthaltsort des Menschen und darüber hinaus ist der gesamte Planet mit Kameras ausgestattet, die bis ins private Wohnzimmer reichen. Der Mikrochip ist außerdem in der Lage, Anweisungen zu empfangen oder den Träger einer Bestrafung zu unterziehen. Das alles wird gesteuert aus der Ferne. In der revolutionären Veränderungsphase des Planeten operiert sich die Bevölkerung gegenseitig die Chips heraus und sendet sie an ihre Überwachungsorgane. Diese bekommen ganze Wagenladungen ihrer liebgewonnenen Spielzeuge zurück.

Wie ihr seht, gibt es durchaus Unterschiede bei der Kontrolle der Bevölkerung.

Antwort:
Ich finde, die Plejadier haben ein vergleichsweise simples Problem. Wenn man bedenkt, dass mit dem Herausoperieren der Chips und dem Abmontieren der Kameras die Sache beendet ist, ist das doch eine leichte Lösung.

Kuthumi

Wer keinen Chip besitzt, dem ist der Zutritt zu medizinischer Versorgung, zur eigenen Wohnung und zu allen öffentlichen Einrichtungen verwehrt. Er gilt als tot und sollte er von den Ordnungshütern lebend angetroffen werden, wird sich das rasch ändern. Du kannst uns glauben, dass es auch für die Plejadier eine Herausforderung ist, diese Macht zu durchbrechen.
Jesus Sananda brennt darauf, euch das Thema der Erde zu verkünden, wir wechseln!

Jesus Sananda

Geliebte Lichtarbeiter, das Licht der göttlichen Quelle sei mit euch! Um es mit den Worten des Sonnenlogos Ra auszudrücken.
Das Problemfeld der Erde sind der **Wucher, die Habgier** und daraus resultierend der Mangel. Ein Planet mit einem anderen Schwerpunkt spielt auch einmal ein Finanzsystem mit Zinsen durch, aber sie merken spätestens nach dem dritten Crash, dass es nicht funktioniert und werden es innerhalb von 100 Jahren abschaffen.
Der Planet Erde spielt die Gier durch und damit hängt ihr über Jahrhunderte in einem ungerechten Finanzsystem fest, weil immer wieder Seelen geboren werden, die gierig sind, und es für diesen Zugewinn in Kauf nehmen, andere zu ruinieren oder die Augen vor einem Volk in Armut zu verschließen.
In dem Moment, in dem ihr eintretet in eine höhere Schwingungsebene, hat sich dieses Problemspiel über den gesamten Planeten ausgebreitet und offenbart sich für jedermann als falsch!
Andere Planeten haben auf dem Gebiet der Finanzen Regelungen gefunden, die auch der Erde gut tun würden:

1. Geld vermehrt sich nicht und wird grundsätzlich zinsfrei verliehen und gutgeschrieben.

2. Die obere Einkommensklasse darf die Grundversorgung maximal um das 10-fache übersteigen. Damit wird ein Neigungswinkel ein gebaut, der überschau- und vertretbar ist.

3. Jeder erwachsene Mensch gibt 10% Steuer seines Einkommens für das Allgemeinwohl und die Infrastruktur des Landes, in dem er lebt, ab. Mit diesem Geld werden alle öffentlichen Einrichtungen, die Schulen und die ärztliche Versorgung finanziert, die wiederum jedem kostenlos zur Verfügung stehen.

Und hier kommt noch ein Gesetz aus der göttlichen Ebene:

Die Reinkarnation bewirkt, dass Menschen mit einer ausgeprägten Gier und rücksichtslosen Selbstversorgung künftige Leben in Mangel karmisch anziehen!

Das, was andere Planeten, als ein krankes System bezeichnen würden, erfahrt ihr aufgrund zahlreicher Inkarnationen im Problemfeld der Erde als das „Normale" und das wiederum bewirkt, dass es sich so hartnäckig hält.
Aber jetzt ist die Zeit der Veränderung! Setzt die drei genannten Punkte um und es gibt nie wieder Mangel und jeder wird versorgt sein!

Frage:
Ihr hattet in früheren Publikationen von einem neuen, fließenden Geldsystem gesprochen, welches ihr Quellethaler* genannt habt und einem damit verbundenen bedingungslosen Grundeinkommen für alle. Jetzt erzählt ihr etwas anderes! Sind die Quellethaler nicht mehr aktuell?

Kuthumi

Doch, sie sind das Endziel. Da aber eure momentanen Veränderungen eher Augenwischerei sind, werdet ihr viele Abstufungen bis dahin durchlaufen. Die Öffentlichkeit in den Industrieländern ist größtenteils passiv und die Politiker planen Rettungsversuche des alten Systems – es kann sich also zeitlich hinziehen bis ihr beim bedingungslosen Grundeinkommen seid.

* „Chaos & göttlicher Wandel" ISBN 978-3-9815215-04

Google-Earth, Hologrammkino und Karma

Kuthumi

Seid gesegnet, Jesus Sananda hatte euch gesagt, dass die Habgierigen automatisch künftige Leben in Mangel anziehen. Dieses Prinzip würden wir gern näher erläutern:

Wenn ihr verstorben seid, kehrt ihr in den jenseitigen Bereich zurück und hier wählt ihr, nach einem Aufenthalt, der von der Dauer in etwa einem irdischen Leben gleicht, auch euer künftiges Leben. Um diese Wahl zu erleichtern, gibt es Hologrammkinos.

Die Akasha-Chronik eines Planeten ist identisch mit dem Gesamtstoff des Hologrammkinos, sie ist der Urfilm – das Urgeschehen, welches verzeichnet wurde in den „Archiven" des jeweiligen Planeten! Jeder bewohnte Planet besitzt ein Hologrammkino.

Ihr geht mit befreundeten Seelen dorthin und informiert euch über die historischen Ereignisse und entsprechenden Schauplätze. Es gibt einen öffentlichen Bereich, der allen Seelen zugänglich ist, und den ihr beliebig oft besuchen könnt, um euch klar zu werden, in welcher Zeit und an welchem Ort ihr gern eure künftige Inkarnation erleben möchtet.

Auf irdischer Ebene besitzt ihr ein Computerprogramm, was sich Google-Earth nennt. Es ist in gewisser Weise vergleichbar mit eurer Vorinformation im Hologrammkino. Angenommen, ihr surft auf Google-Earth und schaut euch euren nächsten Urlaubsort an. Ihr spaziert virtuell durch euer Urlaubsziel, findet den Weg zum Strand, euer Hotel, Restaurants, Geschäfte und Sehenswürdigkeiten in eurer Umgebung. Aber es ist nicht der tatsächliche, heutige Ort, sondern eine Version, die möglicherweise vor acht oder zehn Jahren ins Netz gestellt wurde. Die aktuellen baulichen Veränderungen sind darin nicht enthalten.

Bezogen auf das Hologrammkino heißt das: Ihr seht den Urfilm – die Akashachronik. Der öffentliche Kinobereich beinhaltet Aufzeichnungen über alle Orte, ihre baulichen Veränderungen über die Jahrtausende, Erfindungen und historische Ereignisse, die damals eine Rolle gespielt haben. Ihr surft dort so lange durch Zeiten und Orte, bis ihr eine Wahl getroffen habt. Ihr habt dann eine Wunschzeit und einen Wunschort.

Gut, gehen wir einen technischen Schritt weiter und wechseln wieder auf die irdische Ebene:
Von Google-Earth gibt es eine aktuelle Version, die nicht öffentlich zugänglich ist. Sie ist gekoppelt mit Bewegungsprofilen, die von Handymasten, Internetportalen, Kreditkarten und Navigationssystemen und ähnlichen Standortmeldern zur Verfügung gestellt werden. Mit diesem System arbeiten Interpol, Geheimdienste und vergleichbare Organisationen. Sie benutzen es zur Verbrechensbekämpfung und zum Aufspüren von Terroristen oder Staatsfeinden. Wenn eine Person gesucht wird, gibt der Fahnder deren Personendaten ein und erhält ein Bewegungsprofil, welches ihm beispielsweise meldet: Person X ist vor drei Tagen am Flughafen Y gelandet, hat einen Wagen bei Z geliehen, der momentan nicht in Bewegung ist oder ohne Navigator gefahren wird. Letzte Registrierung des Fahrzeuges ist der Campingplatz A in Ort B vor 26 Stunden. Darauf folgt eine Kreditkartenzahlung im Restaurant C vor zwei Stunden, eine Handybenutzung am Platz D vor 90 Minuten und eine Geldabhebung bei der Bank E in der Filiale F vor 80 Minuten. Hier sind wir nun auf der persönlichen Fahndungsebene angekommen und es wird weitaus direkter, als wenn ihr in der Internetversion surft.

Übersetzen wir das Ganze wieder für den jenseitigen Bereich und das Hologrammkino:
Vorgewählt wurden bereits Zeit und Ort. Jetzt kommt die Wahl der künftigen Eltern. Und damit betretet ihr den Teil des Hologrammkinos, in dem zukünftige Leben abgesprochen werden.
Darüber hinaus besitzt ihr eine persönliche Wunschliste, auf der könnte stehen: Ich möchte in der Stadt Florenz oder im Umkreis von 10 km

geboren werden, meine Vorliebe gilt den Jahren 1750 bis 1760. Ich möchte in diesem Leben Baumeister werden, eine Familie gründen und im Stadtrat aktiv mitarbeiten. Das sind eure persönlichen Wünsche!

Nun betretet ihr gemeinsam mit eurem Hohen Selbst den Teil des Hologrammkinos, der mit der göttlichen Quelle in Verbindung steht und wo es darum geht, ein Leben zu wählen, was sowohl eure Wünsche berücksichtigt, als auch eure Entwicklung fördert.

Beim Betreten dieses nicht öffentlichen Bereiches wird euer Entwicklungscode gelesen, der wiederum Auskunft gibt über eure Vorlieben, Abneigungen, Ängste, euer noch vorhandenes Karma und alle Lernaufgaben, denen ihr bisher erfolgreich entkommen seid. Auch Gewalttaten und Habgier sind in eurer Aura verzeichnet!

Ihr tretet in einen Lichtstrahl der göttlichen Quelle. Den könnt ihr euch vorstellen wie eine Lichtdusche, die eure Seele scannt.

Euer System wird dabei gelesen und nachfolgend gibt euch das Hologrammkino Hinweise darüber, welche Seelen ihr in diesem Zeitabschnitt und in eurer Wahlheimat kennt. Die meisten legen Wert darauf, jemanden aus der Familie zu kennen, zu der sie kommen. Das müssen nicht in jedem Fall die letztendlichen Eltern sein, manchmal ist es auch ein Familienmitglied der reiferen Generation. Jetzt rückt ihr in den Anfragemodus:

Angenommen, ihr wählt von denen, die ihr kennt acht Personen aus, die ihr gern auf irdischer Ebene wiedersehen würdet. Da gibt es eine Familie mit einer Baufirma, eine andere mit einem Brückenbauer und einen Steinmetz, der künstlerische Skulpturen erstellt. Ihr schaut euch die Lebensumstände an und stellt dann über die Hohen Selbste eine Inkarnationsanfrage.

Das bedeutet, auf der Traumebene finden Gespräche zwischen Kind und Eltern statt. Und nicht jedes Gespräch endet mit einer Einladung. Es ist eher realistisch, dass von acht Anfragen, ein positiver Bescheid übrig bleibt.

Auf diese Art und Weise habt ihr alle einmal euer irdisches Leben gewählt!

Konfuzius

Seid gesegnet, das ist Meister Konfuzius.

Wir hatten euch bereits erzählt, dass ihr, wenn ihr gestorben seid, den Lebensfilm eurer letzten Inkarnation anschaut und auch die Möglichkeit habt, Aspekte davon nachzubearbeiten, euer Verhalten besser zu verstehen, um Wiederholungen weitestgehend auszuschließen. Zumindest tun das reife und alte Seelen, wenn sie ins Jenseits kommen! Was euch dabei Kopfzerbrechen bereitet, sind egoistische Verhaltensweisen, die euch im Nachhinein peinlich sind.

Es gibt Gruppengespräche zu allen beschämenden Themen: Gieriges Verhalten, sich aus der Verantwortung stehlen, Gewalt, jemanden in Verruf bringen, Missbrauch und jedes andere Problem. Ihr bekommt bei der Aufarbeitung Hilfe von Aufgestiegenen Meistern und Erzengeln. Verantwortungsbewusste Seelen nutzen diese Angebote sehr intensiv.

Es gibt aber auch jüngere Seelenalter, die das nicht für notwendig halten! Sie genießen es ganz einfach, im feinstofflichen Bereich zu sein und scheren sich nicht weiter um künftige Leben.

Wir hatten euch berichtet vom Hologrammkino und wie ihr euch dort für eure künftige Inkarnation entscheidet. Kommt nun eine solche jüngere Seele ins Hologrammkino, zieht sie bei der künftigen Inkarnation auch karmischen Ausgleich an. Dafür ein Beispiel:

Angenommen, da gibt es eine Seele, die im letzten Leben ein hoher General war und alles dafür getan hat, um einen kleinen Konflikt anzuheizen, um daraus einen großen Kriegsschauplatz zu ermöglichen. Natürlich gibt es noch andere Mitspieler, da sind mehrere Waffenproduzenten, Herrscher, die von einem größeren Territorium träumen, Geldverleiher, die für Jahrzehnte gute Kreditmöglichkeiten für den Wiederaufbau wittern und Publizisten, die mit falschen Nachrichten die Bevölkerung zu Hass anstacheln.

Das sind für gewöhnlich die Kandidaten, die sich im jenseitigen Bereich nicht vorm Hologrammkino drängen! Aber auch sie werden wiedergeboren, und das Gesetz des Karmas ist göttlich clever.

Sie werden genau mit den Lernerfahrungen konfrontiert, die sie benötigen, um bestimmte Charakterzüge abzulegen.

Frage:
Demnach wird der General durch das Gesetz des Karmas bestraft? Und vermutlich die anderen Nutznießer ebenfalls?

Konfuzius
Gut, es ist möglich, dass ihr da einen etwas anderen Blickwinkel habt. Es ist in dem Sinne keine Strafe, sondern die Möglichkeit zu reifen und sich zu entwickeln. Die menschliche Seele ist so konzipiert, dass sie begangenes Unheil wieder ausgleichen möchte.

Frage:
Ich hätte gern eine genauere Antwort! Angenommen, da ist ein Waffenhändler, welches künftige Leben wählt der im Hologrammkino?

Konfuzius
Wer Geschäfte mit dem Tod macht hat in einer hochschwingenden Zeitebene nichts verloren! Es geht also zeitlich rückwärts. Die Antwort ist leicht zu erkennen. Fragt euch, was entsteht durch Waffengeschäfte? Ihr bringt anderen Menschen damit Tod, Verletzung und Verstümmelung! Das ist die künftige Lernerfahrung derer, die heute Waffen herstellen und damit handeln! Es lehrt sie sehr rasch, die Zusammenhänge ihres Handelns zu erkennen. Auch der Dienst des Feldschers am Rande eines Schlachtfeldes, dem die Soldaten, zu denen er eine besondere emotionale Bindung hat, unter den Händen wegsterben, bringt rasch eine neue Einstellung gegenüber Waffen!
Aus himmlischer Sicht ist das Leben absolut gerecht! Aber wir wissen auch, dass ihr auf der Erde immer nur einen Teilausschnitt wahrnehmt und nicht das Ganze seht.

Geld vermehrt sich nicht!

Jesus Sananda
Ihr habt euch in dieser Inkarnation für die Erde entschieden. Auf jedem Planeten in diesem Dualen Universum werden bestimmte Spielpläne angepriesen und durchgespielt, das hatten wir euch bereits gesagt.
Die Erde ist der Planet, wo die größte Gier und der größte Mangel herrschen!

Das könnt ihr auch wahrnehmen in eurem Finanzsystem. Es ist nicht so, dass sich andere Planeten niemals ein Finanzsystem erdenken, was mit Zinsen arbeitet, und dadurch bedingt wenigen dient und viele melkt. Dieses System wird auf verschiedenen Planeten dieses Dualen Universums auch einmal durchgespielt, aber niemand kommt auf die Idee, es penetrant über Jahrhunderte immer auf die gleiche Weise weiterlaufen zu lassen und im Schnitt alle 30 Jahre eine Totalpleite zu riskieren. Das ist das Privileg der Erde!

Nun, meine Lieben, jetzt seid ihr in einer neuen Schwingung und diese neue Schwingung sorgt dafür, dass euer Hauptproblem eine weltweite Verbreitung hat und ihr feststellt, ihr sitzt alle im gleichen Boot. Finanziell gesehen: Auf der Titanic nachts um halb zwei Uhr! Ihr beobachtet, dass sich bei der Bevölkerung in vielen Ländern eine immer größer werdende Unzufriedenheit ausbreitet. Das Ungleichgewicht ist sehr ausgeprägt, und ihr seht auf der anderen Seite, da gibt es Revolutionen und bürgerkriegsähnliche Zustände, die euch Angst machen. Und häufig gestaltet es sich so, selbst wenn ein Volk erfolgreich die eigene Regierung zum Rücktritt gezwungen hat, dass sich damit nichts ändert.

Der Hauptgrund ist euer veraltetes Finanzsystem, was ihr immer wieder retten möchtet und auf gleiche Weise zu etablieren versucht. Schon in euren heiligen Schriften, die auf diesem Planeten existieren, steht geschrieben, dass es nicht richtig ist, Zinsen zu nehmen und dass jeder den Zehnten abgeben sollte für das Gemeinwohl.

Ein Zinssystem sorgt für eine Spirale und verschlimmert die Probleme. Es kommt zu einer Potenzierung der Geldmittel, was dazu führt, dass es immer weniger Menschen dient. Auf der einen Seite sind wenige, deren Vermögen sich exorbitant erweitert, so dass sie es in 500 Leben nicht ausgeben könnten, und auf der anderen Seite stehen viele, die immer neue Schulden machen müssen, um diese gierige Maschine weiter zu füttern. Dieses System ist im Universum einmalig und muss verändert werden! Die Superreichen halten sich ungefähr hunderttausend Personen, die dieses Spiel aufrechterhalten. Es ist sinngemäß ihr Hofstaat, der absichert, dass es so bleibt, wie es ist. Und auf der anderen Seite sind über 6 Milliarden Menschen, die Ja sagen zu mehr Enge, mehr Ausbeutung, mehr Kriminalität und mehr Sklaverei.

Meine Lieben, ihr seid die Spieler und das bedeutet wiederum, dass ihr darüber bestimmt, wann der Zeitpunkt der Veränderung kommt. Viele von euch schimpfen innerlich über die derzeitigen Zustände und das Stagnieren des Geldflusses.

Es geht letztendlich nicht darum, eure Regierung zu stürzen, sondern, dass ihr eure Politiker zwingt, das Finanzsystem zu verändern! Gleichberechtigung herzustellen und damit auch ein ausgewogenes Leben aller auf diesem Planeten zu erschaffen. Das ist möglich!

Meine Lieben, wichtig ist für euch, dass ihr immer wieder eure innere Harmonie herstellt und einen Blickwinkel entwickeln könnt, so nach dem Motto: Es ist ein Abenteuer, eine Herausforderung! Ich war damals auf der Erde dabei, als sich dieser Wandel vollzogen hat!

Es ist wichtig, eure Balance herzustellen und euch morgens in einen positiv ausgerichteten, freudvollen, abenteuerlichen Zustand zu versetzen! Ihr seid mächtig und in der Überzahl!

Aber wir sagen nicht: Steckt euren Kopf in den Sand und ignoriert das Weltgeschehen! Wenn ihr nur fleißig meditiert, wird alles gut!

Wir sagen im Gegenteil: Empört euch friedlich über Missstände und Ungerechtigkeiten!

Auf der Erde gibt es nur eine verschwindend geringe Anzahl von Personen, die dabei sind, den Finanzmarkt virtuell zu übernehmen. Es sind weniger als 1% der Weltbevölkerung. Sie kennen keine Skrupel und haben das System vor die Wand gefahren. Es ist die Aufgabe eurer Politiker, dem Volk zu dienen und für Gleichberechtigung zu sorgen. Da diese Personen über große virtuelle Finanzmacht verfügen, werden eure Politiker sie erst stoppen, wenn das Volk dieses verlangt!

Frage:
Ich möchte anschließen an deine Ausführung über unser Finanzsystem. Ich habe das Gefühl, dass bei uns in Deutschland noch eine große Zufriedenheit mit diesen Zuständen herrscht, dass sich zwar Empörung regt, sich aber nichts verändert, weil der Einzelne sich ohnmächtig fühlt. Ich möchte gerne wissen, was sich da im Hintergrund zusammenbraut, was zu einer Änderung dieser Zustände führen könnte?

Jesus Sananda

Gut, mein Lieben, was wir wahrnehmen ist Folgendes: Das Ungleichgewicht zwischen den Mitteln hat sich in Deutschland sehr verändert in den letzten zehn Jahren. Aber vor allen Dingen noch einmal intensiv in den letzten drei Jahren.

Es gibt einen bestimmten Prozentsatz der Bevölkerung, der ist im Mangel aufgewachsen. Von dieser Bevölkerungsgruppe könnt ihr nicht erwarten, dass sie Veränderungen vollbringt, weil sie nichts anderes als Mangel kennt. Das ist der natürliche Zustand, in den sie hineingeboren wurden, und es ist für sie selbstverständlich arm zu sein.

Nun gibt es aber die breite Masse, und diese breite Masse hatte in Deutschland ein gutes bis sehr gutes Auskommen. Das verändert sich gerade. Es gibt viele, die Einbußen hinnehmen mussten und spüren, die Geschäfte laufen nicht mehr so, wie es einmal war. Die goldenen Zeiten sind anscheinend vorüber.

Von der Mentalität her ist die deutsche Bevölkerung eher leidensbereit. Wenn Geschäftsleute spüren, dass es schlechter wird und der Umsatz zurückgeht, dann gibt es die Tendenz, das Ganze erst einmal bei sich festzumachen und unter den Teppich zu kehren, so nach dem Motto: Das geht wieder vorüber!

Meine Lieben, wenn der Mittelstand den Boden unter den Füßen verliert, dann kommt erst einmal Schweigen, Zurückhaltung, nicht wahrhaben wollen und vielleicht auch die Idee: „Hoffentlich merken die anderen nicht, wie es mir wirklich geht!" Die meisten Geschäftsleute oder Handwerker haben Reserven, auf die sie zurückgreifen können. Dann kommen Gespräche. Man spricht darüber - tauscht sich aus. Damit kommt auch sehr viel Energie der Ungerechtigkeit und Wut hoch. Aus dieser Energie kanalisiert sich dann eine Gegenbewegung. Eine Gegenbewegung, die fordernd ist, die nach draußen geht und sagt: „Wir sind das Volk! Und wir nehmen es nicht länger hin, dass sich die Zustände verschieben!"

Meine Lieben, in Deutschland wird eine bestimmte Strategie gefahren, die die Aufgabe hat, den Widerstand im Keim zu ersticken! Die Politik ist immerzu am Verkünden: „Deutschland geht es gut! Wir sind Exportweltmeister. Wir haben Vollbeschäftigung und Fachkräftemangel! Alle Menschen sind hier gut versorgt und die Zufriedenheit liegt bei 90 %!"
Diese Aussage wird mehrmals täglich über die Medien gebetsmühlenartig verbreitet und erzeugt den Effekt, dass der Einzelne denkt: „Ganz offensichtlich liegt es nur an mir! Alle anderen scheinen tolle Jobs zu finden! Alle anderen machen gute Geschäfte – nur bei mir stagniert es!" und das sollt ihr denken! Denn so lange es an euch liegt und jeder über seine persönliche Situation schweigt, gibt es kein Aufbegehren.

Europa hat ein starkes Gefälle zwischen den Süd- und den Nordländern. Prinzipiell geht es dem Norden etwas besser, aber der Anteil des fließenden Geldes schwindet auch hier sehr stark. Ihr werdet quasi gezwungen, aufzustehen und zu sagen: „Halt, Stopp, wir sind das Volk und haben ein Recht auf faire Chancen!"

Eure Politiker werden beraten von Finanzexperten, und es existieren bereits Pläne, wie dem Missbrauch auf dem Finanzmarkt ein Ende bereitet werden könnte. Aber sie trauen sich erst aktiv zu werden, wenn sie Rückendeckung vom Volk haben! Das ist das, was momentan auf der Traumebene besprochen wird.

Konfuzius

Seid gesegnet und im Frieden! Für gewöhnlich ist es so, dass es nach diesem Wechsel ins Paralleluniversum erst einmal ein wenig chaotischer wird. Es spitzt sich noch mehr zu. Auf der anderen Seite habt ihr auf einmal neue Ideen und einen klareren Blick auf die Zusammenhänge und Missstände. Ihr erkennt auf einmal, wo die Fehler der Vergangenheit sind! Nehmen wir ein Beispiel:

Die Finanzen – euch wurde über Jahrhunderte eingeredet, dass Wirtschaftswachstum etwas Wichtiges und Wertvolles ist. Und wir sagen euch: Das ist Unfug! Dieses Expandieren und Streben nach immer mehr gehört in die Vergangenheit! Jeder Baum weiß, wenn er ausgewachsen ist! Nur eure Wirtschaft und die Finanzlobby können den Rachen nicht voll genug bekommen. Es wurde euch gesagt, dass sich Geld vermehrt – und das ist eine Lüge! Geld vermehrt sich nicht! Wenn ihr einen Gewinn einstreicht, dann hat ein anderer dafür einen Verlust. So sieht die Wahrheit aus!

Meine Lieben, was euch sehr deutlich fehlt, ist das fließende Kapital. Das Geld, was den Menschen zum Einkaufen dient und dabei von einem zum anderen fließt. Dieses fließende Kapital fließt nicht mehr, sondern türmt sich auf verschiedenen Bergen. Viele Menschen haben am 20. des laufenden Monats ihr Budget ausgegeben. Die Zahl der

Ladendiebstähle und Einbrüche hat drastisch zugenommen. Eure Staaten weltweit sind beinahe ausnahmslos verschuldet. Da gibt es Agenturen mit wohlklingenden alten Namen, die sich bereichern und Geld an der Krise verdienen. Manche wetten sogar auf den Zusammenbruch von Staaten und Währungen. Dieses Verhalten kennt weder Moral, noch ist es ehrenhaft! Beim Spielen am Markt ist anscheinend alles erlaubt. Und die Welt schaut tatenlos zu!

Ihr habt Rating-Agenturen, die euch sagen, welche Länder ihre Schulden nicht zurückzahlen werden. Und es wird wohl ewig ein Rätsel bleiben, weshalb der US-Dollar die beste Bewertung von ihnen erhält? Das Geld wird von Betrügern aus dem System gezogen, es fließt nicht mehr. Es gibt Rettungsschirme, die das schöne, alte Finanzsystem retten sollen und auch das funktioniert nicht mehr, meine Lieben.

Jeder von euch, der in der Schule Rechnen gelernt hat, der weiß, dass diese Schulden, die da angehäuft wurden, niemals zurückgezahlt werden können. Und eure Banken haben sich zusammen mit der Börse in den letzten Jahren durch windige Geldgeschäfte zu Zockereien verleiten lassen und dabei ihre Bankeinlage, also die Sicherheit der Bank, verspielt. Wir müssen ihnen allerdings zu Gute halten, dass sie es aus Verzweiflung tun! Sie haben einen ungeheuren Druck, mehr Geld zu machen, und dafür ist jedes Mittel recht. Hauptsache ist, die Bilanzen verzeichnen hohe Gewinne!

Eure Politiker könnten zusammen mit den Banken diesem Geschäftsgebaren rasch ein Ende setzen. Warum glaubt ihr denn, dass alle diese Informationen über das Fernsehen verbreitet werden?

Solange sie keine Rückendeckung vom Volk haben, werden die Politiker skrupellose Investmentfirmen nicht aushebeln, weil sie über große finanzielle Macht verfügen und sich vom Killer bis zur Privatarmee alles kaufen können. Eure Politiker fühlen sich von zwei rotierenden Mühlrädern bedroht, auf der einen Seite ist ein Volk, was aufbegehrt und auf der anderen Seite eine erpresserische Finanzlobby.

Meine Lieben, das ist die gegenwärtige Situation und wir sagen euch, auf die Zukunft bezogen, dass ihr Lösungen für diese Probleme finden werdet. Es gibt Banker, die sich Gedanken darüber machen und schon seit vielen Jahren miteinander diskutieren, wie das ideale Geldsystem der Zukunft aussehen könnte.

Frage:
Ihr hattet gesagt, dass Wirtschaftswachstum nicht sinnvoll ist. Jeder Baum weiß, wann er ausgewachsen ist. Könnt ihr das näher erläutern?

Konfuzius

Meine Lieben, ihr habt in den Industrieländern die Übereinkunft, dass ihr - vom jungen Erwachsenenalter bis in ein relativ hohes Alter hinein - euch euren Lebensunterhalt mit Arbeit verdient. Das ist sinngemäß euer Lebenszweck! Und es gibt keinen anderen Planeten im Universum, der so gestrickt ist! Nachdem ihr dann 40 oder 50 Jahre gearbeitet habt, dann bekommt ihr eure wohlverdiente Rente. Das Problem ist nur, dass in vielen Ländern die Rente so niedrig ist, dass sie nicht mehr eure Lebenshaltungskosten deckt. Euch wurde gesagt, ihr müsst selbst etwas ansparen. Da aber die Bezahlung mittlerweile so schlecht geworden ist, dass vielen einfach das Geld fehlt, funktioniert das nicht.

Es ist die Aufgabe der Wirtschaft, den Menschen zu dienen und nicht sie zu versklaven! Ein System, in dem die Wirtschaft zum Selbstzweck der Arbeitsbeschaffung existiert, damit ihr regelmäßig all eure Einrichtungsgegenstände, Kleidung und Elektrogeräte erneuern müsst, weil sie einfach viel zu schnell kaputt gehen, solltet ihr zumindest überdenken. Eure Elektrogeräte könnten auch so gebaut werden, dass sie 30 oder 40 Jahre halten. Es wäre möglich, die Technik auszutauschen und das Design zu wechseln, ohne das Gerät zu verschrotten. Wenn ihr erkannt habt, dass sich Geld nicht vermehrt, werden sich viele Strukturen, die sich zwangsweise daraus ergeben haben, verändern.

Und diese Veränderungen werden positiv sein und können friedlich ablaufen.

Frage:
Könnten auch bei uns bürgerkriegsähnliche Zustände wie in den arabischen Ländern entstehen?

Kuthumi

Ihr lebt in demokratischen Ländern und besitzt im Vergleich zu anderen Teilen der Erde noch eine funktionierende Gerechtigkeit. Die breite Masse der Bevölkerung ist bereit friedlich zu demonstrieren, wenn der Druck, der auf ihr lastet, unerträglich wird. Aber darunter gibt es auch Minderheiten, die durchaus gewaltbereit sind. Manchmal werden sie auch aufgestachelt durch das verantwortungslose Verhalten der Mächtigen. So geschah es in London, als eine friedliche Demonstration im Bankenviertel Bankangestellte in den höheren Etagen dazu verleitete, mit Geldbündeln zum Fenster hinauszuwinken. Das ist unnötiger Sprengstoff, der damals zu schweren Krawallen führte.

Es wird schon bald in größeren Städten zu regelmäßigen Demonstrationen kommen und die meisten davon werden friedlich ablaufen.

Momentan frönt ihr der Wegwerfgesellschaft und euer Schrottberg wird immer größer. Das muss nicht so bleiben!

Die Luzifer-Energie

Frage:
Der Freund meiner Tochter sagt manchmal, er habe Dämonen in sich. Gibt es wirklich Dämonen, die sich in Menschen hineinbegeben, um sie zu manipulieren?

Konfuzius

Für viele junge Menschen ist es lediglich ein Spruch! Weil sie mit ihren aufbrausenden Gefühlen nicht umgehen können, sprechen sie dann von inneren Dämonen. Die aufbrausenden Gefühle entstehen, indem sie Ärger in sich hineinfressen und dieser sucht sich dann ein Ventil, und es kommt zur Gefühlsexplosion. Sie interpretieren es dann als Dämon, der hochkommt. Natürlich hat das nichts mit einem wirklichen Dämon zu tun!

Die Bearbeitung der Vergangenheit und der Belastungen des Lebens würden hier Abhilfe schaffen. Niemand wird zufällig in ein Elternhaus hineingeboren. Ihr wählt euch bestimmte Umstände. Und es gibt Parallelen zwischen dem Umgang eurer Eltern mit euch und der Art und Weise, wie ihr in früheren Leben eure Kinder behandelt habt. Aber jede Generation entwickelt sich dabei auch weiter!

Frage:
Gibt es so etwas wie eine Besetzung durch einen Dämon?

Konfuzius

Es gibt einige Menschen, die haben eine Besetzung durch eine zurückgebliebene Seele. Das sind Seelen, die bei ihrem Tod nicht ins Jenseits gegangen sind. Meistens, weil sie Angst vor Bestrafung haben, verweilen sie unsichtbar in der irdischen Ebene. Diese Seelen verstecken sich in unbenutzten, leerstehenden Gebäuden oder beobachten lebende Menschen bei ihren Aktivitäten.

Besetzung bedeutet, dass sich eine verstorbene Seele an das Energiefeld eines lebenden Menschen anhaftet. Es gibt einige physische Menschen, die besonders prädestiniert für Besetzungen sind. Das sind Personen mit einer starken Opfermentalität und hoher Unsicherheit in ihren Entscheidungen. Sie fragen immer andere um Rat und haben häufig auch ein Alkohol- oder Drogenproblem.

Für gewöhnlich ist euer Energiefeld gegen Eindringlinge geschützt. Aber bei übermäßigem Konsum von Alkohol oder Drogen wird ein Zugang geschaffen. Wenn sich beim Konsumenten das eigene Bewusstsein verabschiedet, kann eine Besetzung stattfinden. Im Moment der größten Schwäche könnte ein Geistwesen eindringen. Geschieht es, erwacht die Person von neuem Leben erfüllt und zeigt deutlich zwei Persönlichkeiten. Da ist einmal die Person, die euch vertraut ist und außerdem ein Fremder. Der Persönlichkeitswechsel kann nach einem Anfall, nach komatösem Alkoholgenuss oder einem intensiven Drogenrausch stattfinden. Die vertraute Person verschwindet in eine innere Ohnmacht und der Besetzer bricht mit seiner unberechenbaren Energie in den Vordergrund. Ein schlagartiger Charakterwechsel findet statt. Manchmal ist der Besetzer gewalttätig, demoliert Einrichtungsgegenstände und bedroht seine Familie.

Am nächsten Tag steht die erste Persönlichkeit ratlos vor den Trümmern ihres nächtlichen Ausrasters und beschwört inbrünstig, sie wisse nichts vom Zerschlagen des Schrankes. Und das ist die Wahrheit! Den Schrank hat der Besetzer zerschlagen – die andere Persönlichkeit. Einer weiß von den Handlungen des anderen häufig nichts! So zeigen sich Besetzungen!

Aber kommen wir zu dem Freund deiner Tochter zurück:

Eine Diagnose über eine Besetzung ist nicht immer einfach, da so etwas manchmal auch versteckt stattfindet. Junge Menschen zwischen 14 und 25 Jahren haben häufig ihre Gefühle nicht verarbeitet und werden dadurch von galoppierenden Emotionen überrollt. Aber sie haben auch eine Grenze, die sie nicht überschreiten. Kommt es mehrfach zu Gewalttätigkeiten und Zerstörungen, könte das im Zusammenhang mit den bereits genannten Umständen auf eine Besetzung hinweisen.

Frage:
Ich weiß vom Freund meiner Tochter, dass er schon mit anderen schwarzmagische Rituale veranstaltet hat. Und ich frage mich, warum verbrüdern sie sich mit der Dunkelheit?

Konfuzius
Junge Menschen wünschen sich häufig, sie hätten mehr Macht oder besäßen besondere Fähigkeiten. Sie wünschen sich Kräfte, die sie unterstützen beim Vorankommen in ihrem Leben. Da kann es so etwas wie ein Nervenkitzel sein, mit dem Teufel zu spielen.
Bei einem solchen Ritual kommt es häufig zu Erlebnissen, die sie in Angst und Schrecken versetzen und sie erleben anschließend Albträume. Vielen reicht eine einmalige negative Erscheinung, um in Zukunft derartige Kontakte zu meiden. Das Ganze ist eine Mutprobe, verbunden mit der Neugier: Gibt es mehr, als ich hier in diesem Körper wahrnehmen kann? Wie kann ich meine Macht, meinen Einfluss auf mein Leben vergrößern?

Frage:
Wenn es da Seelen gibt, die zurückgeblieben sind. Gibt es unter denen auch einen Chef – den Satan?

Konfuzius
Es könnte unter den zurückgebliebenen Seelen einen Hochstapler geben, der sich als Teufel präsentiert. Aber das ist dann eine Kostümierung. Den Teufel im eigentlichen Sinne gibt es nicht!

Frage:
Und wie soll ich den Luzifer einordnen? Kannst du mir das erklären?

Konfuzius

Luzifer ist ein Lichtengel, der sich willentlich abgewendet hat von Gott – vom Licht. Er steht sinngemäß für die dunkelste Erfahrung in eurem Lebenszyklus.

Die dunkelste Erfahrung ist der Verstoß gegen die göttlichen Gebote und daraus resultierend das Gefühl des Ausgestoßenseins. Der Täter verdammt sich selbst, indem er sich seine Handlungen nicht verzeiht. Nach begangener Tat überkommt ihn tiefe Verzweiflung und er glaubt: „Jetzt verdiene ich Gott nicht mehr! Jetzt ist alles Göttliche von mir abgefallen! Niemand möchte mehr etwas mit mir zu tun haben!"

Das ist der Moment, in dem ihr euch selbst verdammt – die Luzifererfahrung! Die Einsamkeit und Herzenskälte in euch steht für die Luziferenergie!

Und es ist auch die Energie vom Engel Luzifer, die in diesem Moment an eurer Seite wandelt, die euch versucht zu erreichen, zu trösten und zu Gott zurück zu führen!

Viele verzweifelte Seelen, die im Gefängnis sitzen oder in der Todeszelle auf ihre Hinrichtung warten, haben Lichterscheinungen.

Der Engel Luzifer erlöst die Gefallenen und bringt sie zurück ins Licht! Vorher fühlen sie sich häufig total einsam und von Gott verstoßen. Wenn die Begegnung mit dem Engel Luzifer stattfindet, durchlaufen sie plötzlich eine Wandlung. Die Angst fällt von ihnen ab und sie ergeben sich in ihr Schicksal. Das ist die Arbeit, die Luzifer leistet!

Antwort:
Das finde ich ungeheuer berührend und tröstlich!

Befreiung von Besetzungen

Frage:
Ich würde gern noch eine Frage zu Besetzungen stellen: Wie kann man einen Betroffenen von Besetzungen befreien?

Konfuzius

Meine Lieben, ihr seid geistige Wesen. Auch wenn ihr jetzt in der Physis seid, so ist doch das Geistige die Ebene, mit der ihr noch mehr vertraut seid. Wir wissen, wenn ihr euch in einem Körper befindet, dann ist es für euch schwer vorstellbar, dass es da eine Ebene gibt, mit der ihr noch mehr vertraut sein könntet.

Nun, wenn ihr eine irdische Inkarnation hinter euch gebracht habt, dann verlasst ihr diese abgelegte Hülle, euren ehemaligen physischen Körper. Und sterben tut nicht weh, es wird nur dann schmerzvoll, wenn ihr euch dagegen wehrt. Ihr alle seid viele hundert Mal gestorben. Dabei steigt ihr auf, werdet abgeholt von Freunden und Bekannten, habt viele Wiedersehenserlebnisse, kommt nach Hause und seid voller Begeisterung darüber wieder hier zu sein. Der ganze irdische Druck fällt von euch ab. Neunzig Prozent aller Verstorbenen gehen diesen Weg!

Jetzt kommen wir zu den 10 Prozent, die ihn nicht gehen: Das sind Seelen, die in ihrem letzten Leben etwas getan haben, was sie sich selbst nicht verzeihen können. Sie sind häufig überzeugt, dass sie nun in die Hölle kommen. Und weil sie Angst davor haben, vertrauen sie den Angehörigen, die sie abholen möchten, nicht. Sie gehen nicht mit ins Jenseits und verbleiben in Erdnähe.
Meistens rotten sie sich mit anderen Zurückgebliebenen zusammen, halten sich in leerstehenden Häusern auf, beobachten lebende Men-

schen, ärgern spirituelle Neulinge, weil sie nichts Sinnvolles zu tun haben oder besetzen auch mal andere Menschen.

Woran merkt ihr nun, dass eine Besetzung vorliegt:
Ein Mensch mit einer Besetzung zeigt deutlich zwei Charaktere, den Normalen, euch vertrauten und den eines Fremden, der unberechenbar und oft auch gewalttätig ist. Er ist massiv verwirrt, hat häufig Schlafstörungen und fühlt sich reif für die Psychiatrie. Besonders belastend für die besetzte Persönlichkeit ist es, dass sie ständig Gedanken, Vorschläge und Anweisungen in ihrem Inneren erhält, die nicht die ihren sind. Es spricht also im Kopf ständig jemand ungefragt hinein. Für manche kann dieses Phänomen auch etwas Faszinierendes haben, weil sie plötzlich ungewöhnlich hellhörig sind. Sie wissen plötzlich Dinge, die sie nicht wissen können. Darüber hinaus besitzen sie eine ungewöhnliche Medialität. Dazu ein Beispiel: Angenommen, dein Partner hat eine Besetzung und ist in der Stadt unterwegs. Du befindest dich daheim und stellst fest, dass das Brot aufgebraucht ist. Dann kannst du gedanklich deinem Mann die Botschaft schicken: „Kaufe ein Brot!"
Bei jedem anderen ist es sinnvoller das Handy zu bemühen, aber bei jemandem mit einer Besetzung funktioniert es auch gedanklich. Er bringt das Brot mit.

Kommen wir nun zum Herauslösen der Besetzung:
Die Besetzung lässt sich nicht heimlich, ohne das Wissen des Besetzten lösen. Das bedeutet, ihr dürft als erstes mit der besetzten Person sprechen und eure Vermutung äußern, dass da ein Geistwesen in der Aura sitzen könnte. Manche wissen sehr klar, dass da noch jemand ist! Aber der fremde Geist ist nicht interessiert daran, weggeschickt zu werden. Ihm macht die Vorstellung, ins Jenseits gehen zu müssen, Angst und er wird versuchen seinen „Wirt" dahingehend zu beeinflussen, dass er ihn nicht wegschickt. Aus diesem Grund sind Vorgespräche sehr wichtig!

Bei diesen Gesprächen geht es auch darum, den Besetzer aufzuklären, dass er in den jenseitigen Bereich gehört, und es dort schön ist. Er wird Freunde wieder treffen und besitzt dort selbst ein Zuhause. Wichtig ist die Erklärung, dass niemand für irgendein Vergehen bestraft wird! Jeder wird in Liebe aufgenommen!

Manche zurückgebliebene Seele möchte dann erzählen, was sie angestellt hat und weswegen sie glaubt, in die Hölle zu müssen. Macht euch darauf gefasst, dass ihr unter Umständen ein Mordgeständnis zu hören bekommt. Das muss nicht sein! Aber es ist besser, wenn ihr im Vorfeld um die Möglichkeit wisst, als dass euch so eine Information lähmt und handlungsunfähig macht!

Hier gilt es ruhig zu bleiben und nicht zu bewerten! Ruft euch Hilfe aus der geistigen Welt. Erzengel Gabriel und Meister Seraphis Bey sind mit dem Heimführen von zurückgebliebenen Seelen vertraut. Bittet darum, dass eine Aufstiegslichtsäule in den jenseitigen Bereich erstellt wird. Diese Lichtsäule hat etwa einen Durchmesser von einem Meter und könnte neben der besetzten Person stehen, sie funktioniert wie ein Fahrstuhl ins Jenseits. Sie ist für Hellsichtige, aber auch für Geistwesen sichtbar.

Sprecht mit dem Besetzer und macht ihm immer wieder das Jenseits schmackhaft. Fragt ihn, ob er die Lichtsäule sieht. Erklärt ihm die Funktionsweise. Lasst ihn in die Lichtsäule hineinfassen. Es ist ein warmes, einladendes Licht, was Erinnerungen an glückliche Zeiten im Jenseits auslöst. Auch verjüngt es den Seelenkörper, der da hineintritt. Macht ihn aufmerksam, was mit seiner Hand geschieht, wenn er ins Licht fasst. Sie wird beim Hineinfassen makellos und jugendlich. Das ist für viele sehr beeindruckend.

Ein weiterer Meilenstein der Überredungskunst ist, einen nahen Angehörigen von ihm zu rufen, der bereits verstorben ist. Fragt ihn, wen er im Jenseits gerne wiedersehen würde? Die Großeltern sind meist beliebte Kandidaten.

Die Helfer von Erzengel Gabriel können dann dafür sorgen, dass die Großmutter an der Lichtsäule erscheint. Wenn so ein Kontakt stattgefunden hat, geht es auf einmal sehr rasch und leicht. Die zurückgebliebene Seele steigt hinüber in die Lichtsäule und kommt nach Hause in ihre geistige Heimat.

Die physische Person ist danach schlagartig gesund. Die zweite Persönlichkeit ist weg, aber „Brotbestellungen" sind wieder über das Handy zu tätigen.

(„Das Herauslösen von Besetzungen" ist ein Thema im 4. Seminarteil - Info am Ende des Buches)

Jesus von Nazareth

Jesus Sananda

Seid gesegnet und willkommen. Wir möchten euch mitteilen, dass es für uns im feinstofflichen Bereich eine große Freude ist, wenn ihr tanzt, lacht und euch austauscht. Manchmal wurde euch in der Vergangenheit das Bild vermittelt, dass es an Blasphemie grenzt und verwerflich ist, wenn ihr am Osterfest lacht und tanzt. Wir möchten euch sagen, dass die Arbeit an euch selbst, eine Hochachtung dessen ist, was damals Jesus von Nazareth und viele andere Lehrer aus dem feinstofflichen Bereich versucht haben, auf die irdische Ebene einfließen zu lassen.

Es ist vollkommen richtig, dass ihr an euch arbeitet, eure Blockaden löst, euch selbst erkundet und die Teile in euch, die nicht perfekt und euch vielleicht peinlich sind – sobald ihr diese erkannt habt - liebt, segnet und annehmt, damit sie schwächer werden können.

Meine lieben Schülerinnen und liebe Schüler des Lichtes, wir sind gekommen um euch aufzufordern, dass ihr in dieser Zeit, die euch häufig früher angepriesen wurde als eine Trauerphase, dass ihr da auch lachen dürft. Ihr sollt lachen, ihr sollt tanzen, ihr dürft vergnügt sein und euch erfreuen über das, was ihr geschafft habt und loslassen konntet. Liebt euch, so wie ihr seid!

Auch Jesus von Nazareth hatte Zweifel und hat sich in manchem Moment verlassen gefühlt. Es ist menschlich. Wenn ihr in einem menschlichen Körper steckt, seid ihr geprägt von eurer Umwelt, durch eure Erziehung und die Erwartungen der Gesellschaft. All das stürmt auf euch ein.

Auch zu der Zeit, als Jesus von Nazareth auf die Erde kam um zu predigen über die Wahrhaftigkeit Gottes, über die Liebe Gottes, über die Freiheit, die in eurem Geiste wohnt - die aber zugemüllt ist von all den Informationen, die von außen auf euch einstürmen - gab es viel Ungerechtigkeit und große Herausforderungen. Aber auch in dieser Zeit gab es Menschen, die zugehört haben und bereit waren, an sich zu arbeiten und Kenntnisse zu erwerben.

Damals hat Jesus von Nazareth viele Analogien benutzt, um euch das Wirken Gottes näherzubringen. Geschichten, über die Unendlichkeit der Seele, der Liebe Gottes, und wie die Gefühle des Hasses umgewandelt werden können in Liebe und Verständnis. Manchmal seid ihr aufgewühlt, aber es ist eure Aufgabe in dieser Zeit, eure Emotionen zu hinterschauen und wahrzunehmen, wie ihr sie durch eure Gedanken anheizt! Eure eigene Schöpfermacht kommt immer mehr zum Tragen. Geht in die Selbstverantwortung, dann könnt ihr euch auch bewusst aus dem Fokus des Dramas herausholen. Dafür arbeitet ihr an euch! Das Gleichnis mit dem Wandel übers Wasser erzählt wie eure Gedanken der Unsicherheit und des Frustes Ängste in euch auslösen. Das Wasser steht für die Gefühle, und wenn diese Gefühle aufbrausend sind, weil ihr gerade eure Sorgen durch den Geist galoppieren habt lassen, dann schäumt das Wasser. Konzentriert euch dann wieder auf die Dinge in eurem Leben, die sicher und in Harmonie sind. Wenn ihr Frieden und Zuversicht in euch tragt, führen sie euch ans sichere Ufer!

Meine Lieben, eure Bibel ist voll mit Analogien über göttliches Wissen, aber sie ist so viele Male umgeschrieben worden, dass die tatsächlichen Lehren heute schwer erkennbar sind. Manche Erzählungen sind noch eins zu eins übertragen, aber vieles ist verändert worden.

Eine große Herausforderung war damals für Jesus von Nazareth, als er bewusst erkannte, welches Ende ihm dargeboten wurde. Das bewusst wahrzunehmen und sich dann auch dafür zu entscheiden, war nicht einfach. Ja zu sagen, zu diesem Weg, obwohl Gott auch ein Nein akzeptiert hätte, war eine Herausforderung!

Jesus von Nazareth hätte damals sagen können: „Nein Vater, ich möchte gerettet werden!" Und dann wäre er gerettet worden. Er hätte möglicherweise das Land verlassen und wäre irgendwo anders in der Fremde an Altersschwäche gestorben. Aber Jesus wusste auch, wenn er diesen dramatischen Weg wählt, dass sich dann die Lehren Gottes viel besser in die Welt einprägen.

Jede Zeitspur der Erde trägt einen anderen Jesus und jeder trifft seine eigene Entscheidung. Daher rühren die unterschiedlichen Interpretationen des Geschehens.

Frage:
Ich wollte dir schon immer eine Frage stellen über eine Aussage, mit der ich überhaupt nicht klar komme: „Wenn einer dich auf die rechte Wange schlägt, dann halte auch die linke hin!" Welchen Sinn macht das? Vielleicht ist dahinter ja eine Weisheit versteckt, die ich nur nicht verstehe. Könntest du mich mal aufklären?

Jesus Sananda

Gern. Sinngemäß bedeutet es, dass du auf eine Provokation nicht reagierst und sie ins Leere laufen lässt. Vielleicht können wir das Ganze an einem Beispiel etwas modernisieren:

Angenommen, du hast einen Arbeitskollegen, der über irgendwas sehr verärgert ist. Er macht dir Vorwürfe, dass du schuld wärst an den Problemen eures Arbeitsalltages. Vielleicht ist da etwas schief gelaufen oder es wird ganz allgemein mal wieder der Druck erhöht. Dieser Kollege springt wie ein wütender Bär um dich herum und gießt eine Litanei von Beschimpfungen über dich aus. Du bleibst vollkommen ruhig und reagierst mit dem Satz: „Du hast vollkommen recht!" Damit nimmst du ihm den Wind aus den Segeln. Er ist über deine Reaktion möglicherweise so perplex, dass er den Mund hält und an seinen Arbeitsplatz zurückkehrt. Als bewusster Mensch weißt du, dass du mit jemandem, der vollkommen neben sich steht vor Wut, nicht vernünftig reden kannst. Gib ihm erst einmal recht – halte ihm symbolisch gesprochen die linke Wange hin!

Wenn er sich dann Stunden später beruhigt hat, kannst du in Ruhe und Gelassenheit mit ihm sprechen. Verstehst du an diesem Beispiel klarer, um was es geht?

Antwort:
Ja, ich danke dir.

Die Eismassen der Pole vergrößern sich

Kuthumi

In dem Moment, in dem sich die Erde in der neuen Schwingungsebene einklinkt, repräsentiert sich der tatsächliche Entwicklungsstand der Bevölkerung durch die Ausprägung der Polkappen. Wir hatten euch gesagt, dass die Erde aufsteigt und im Paralleluniversum eingegliedert wird. Das ist zum Jahreswechsel 2012 / 2013 geschehen. Und es bedeutet, dass das Bewusstsein der Bevölkerung angehoben wurde und noch immer angehoben wird. Viele Menschen werden sich der Macht ihrer Gedanken und Gefühle bewusst. Diese Arbeit wiederum hat Auswirkungen auf die kollektive Bewusstheit der Erdbevölkerung und auf die Ausprägung eurer Polkappen.

Ein Planet mit einer bewussten, friedlichen Bevölkerung besitzt sehr kleine Pole. Ebenso trifft zu, dass ein Planet mit einer unbewussten, abgestumpften Menschheit ausgeprägte Polkappen besitzt.

Für die geistige Welt war es absolut spannend zu sehen, was geschah, als sich auf eurem Planeten der Winter 2013 ausbreitete. Erst die Nordhalbkugel und sechs Monate später der Süden: Beide Polkappen gewannen an Eismasse und zeigten damit den tatsächlichen Entwicklungsstand der Erdbevölkerung an!

Vielleicht könnt ihr euch entsinnen, dass Schiffe aus dem Packeis befreit werden mussten. Sie sind keineswegs leichtsinnig an die Gletscher herangefahren, sondern hatten Fahrstraßen gewählt, die über Jahre eisfrei waren. Doch plötzlich nahm das Poleis an Masse wieder zu! Eure Wissenschaftler suchen immer noch nach einer Erklärung für dieses Phänomen.

Die Pole werden auch wieder schmelzen und tun es bereits, aber diesmal parallel zur Bewusstheit der Bevölkerung.

Frage:
Könnte man daraus schließen, dass die Bevölkerung der Erde heute unbewusster ist, als sie es vor Jahren war?

Kuthumi

Ja. Wir unterrichten in der geistigen Welt Erdenbürger, die an ihrer Bewusstheit arbeiten. Nachts, wenn ihr träumt, verlässt euer Traumkörper die irdische Realität und eure Seele besucht ihre geistige Heimat. Dabei seid ihr sehr ehrlich, was eure aktuellen Probleme angeht. Ihr sprecht offen über Stimmungsschwankungen, Süchte, Ängste, Sorgen und zwanghaftes Verhalten und plant hier auch euren nächsten Entwicklungsschritt.

Seit dem Hilferuf eures Planeten nach dem zweiten Weltkrieg nahm die Zahl der inkarnierten Lichtarbeiter stetig zu und damit auch das Kontingent der Schüler, die sehr bewusst an sich arbeiteten. Die Spitze war erreicht zum Jahreswechsel 2009 auf 2010. Es war nie mehr Bewusstheit auf der Erde, als zu diesem Zeitpunkt. Doch plötzlich kehrte sich das Ganze um! Ein deutlicher Rückgang des Interesses an Bewusstseinsarbeit war zu verzeichnen. Viele Schüler, die über Jahrzehnte an sich gearbeitet hatten und auf der Traumebene Bewusstseinskurse belegten, blieben plötzlich weg.

Den Grund dafür sehen wir heute in finanzieller Unsicherheit und Computerspielsucht!
Wir hatten euch bereits vor Jahren auf das Suchtpotenzial von Computerspielen hingewiesen. Wer täglich spielt, vernachlässigt nicht nur seine Aufgaben, sondern stumpft auch sein Bewusstsein ab.

Computerspielsucht und das Abgleiten in Unbewusstheit

Kuthumi

Eines der Hauptprobleme der jetzigen Zeit ist es, dass ein erheblicher Teil der Bevölkerung spielsüchtig, computersüchtig oder fernsehsüchtig ist. Auch wenn ihr vielleicht nicht persönlich betroffen seid, so kennen doch die meisten jemanden, auf den dies zutrifft!

Wir hatten euch bereits 2009 über die Auswirkungen der Computerspielsucht informiert, aber leider ist die Sucht stärker, als euer Wille euch dagegen zu wehren. Mittlerweile sind die Auswirkungen so immens, dass das Bewusstsein der Bevölkerung 2009 höher war, als es das heute ist.

Schon die alten Römer wussten: Das Volk betäubt man am besten mit Brot und Spielen!

Die Art der Spiele hat sich mittlerweile verändert, ihr müsst dafür nicht mehr in die Arena. Heute holt ihr sie euch aus dem Internet auf eure App-tauglichen Geräte und lasst zu, dass sie einen großen Teil eurer Lebenszeit in Anspruch nehmen.

Ihr spielt Karten, baut virtuelle Städte, versorgt Bauernhöfe, sucht verborgene Gegenstände, zerschießt Luftballons oder zieht als Krieger in einen Kampf auf Leben und Tod. Und das Ganze nennt ihr dann Freizeit, Kreativität oder gar Entspannung!

Glaubt ihr, dass diese stumpfsinnige Wiederholung in irgendeiner Form entwicklungsfördernd ist?

Oder ihr sitzt in einer der zahlreichen Spielhallen und werft euer Geld in einen fröhlich blinkenden Automaten!

Ihr rechtfertigt euch, indem ihr den anderen den „Schwarzen Peter" zuschiebt, so nach dem Motto: „Die anderen, die da Geld in den Automaten werfen, sind viel schlimmer und die, die auf Krieger schießen sind weitaus primitiver. Mein Spiel hat wenigstens Niveau!"

Hat es das wirklich? Oder gibt es auch Momente, in denen ein Teil von euch sauer ist, weil ihr wieder den ganzen Abend die Zeit totgeschlagen habt? Gibt es diesen Teil in euch, der aufbegehrt gegen die Sinnlosigkeit? Oder seid ihr bereits so abgestumpft, dass euer Leben dem Motto folgt: „Was soll´s, erreichen kann ich sowieso nichts, folglich kann ich mich auch der Langeweile ergeben?"

Meine Lieben, ihr seid ursprünglich in dieses irdische Leben gegangen, um voller Leidenschaft und Begeisterung einen Wandel im Zusammenleben aller zu vollziehen! Ihr wart voller Ideale und Ideen, wie es möglich ist, eine Gesellschaft aufzubauen, die gleichberechtigt, friedvoll und vom Wohlstand für alle gekennzeichnet ist.

Was passiert nun also mit eurem Bewusstsein, wenn ihr spielsüchtig seid?

In eurem Geist gibt es einen Teil, der das Bestreben hat, alle wiederkehrenden Handlungen abzuspeichern und in den „Autopiloten" zu verlagern. Wir werden das genauer erklären: Ihr besitzt so etwas wie ein eingebautes Lernprogramm, welches bestrebt ist, wiederkehrende Tätigkeiten dann abzuspeichern, wenn ihr sie perfekt beherrscht.

Ein Beispiel: Vielleicht entsinnt ihr euch an eure erste Fahrt mit einem Fahrrad? Möglicherweise habt ihr dabei eine Schlangenlinie hingelegt und die volle Breite des Weges benötigt. Aber nach kurzer Zeit habt ihr es beherrscht.

Es gibt also diesen Teil in eurem Geist, der bestrebt ist, eine Tätigkeit abzuspeichern und in den „Autopiloten" zu packen. Ist sie dann im „Autopiloten", führt ihr sie unbewusst aus! Ihr fahrt dann Fahrrad und unterhaltet euch mit einer Freundin, die neben euch fährt. Am Anfang, als ihr Fahrradfahren erlerntet, wäre das nicht möglich gewesen, weil ihr eure volle Konzentration auf das Fahren richten musstet. So wirkt der Autopilot!

Nur mit Computerspielen hat er seine liebe Not. Sie entziehen sich der erfolgreichen Abspeicherung, weil sie stets mit neuen Herausforderungen oder Beschäftigungen aufwarten. Dies wiederum bewirkt, dass dieses Spiel in eurem Bewusstsein nachläuft. Ihr habt also euren Computer ausgeschaltet und beschäftigt euch mit eurem Haushalt oder einer anderen Tätigkeit. Aber auf eurem inneren Bildschirm läuft immer noch das Spiel!

Das könnt ihr leicht überprüfen, indem ihr euch ruhig hinsetzt und die Augen schließt! Welche Bilder tauchen in eurem Geist auf? Es sind die Bilder aus eurem derzeitigen Lieblingsspiel! Ein Teil von euch möchte es beherrschen. Aber in Wahrheit beherrscht es euch! Und hier entsteht die Sucht! Das Spiel zieht euch magisch an.

Filme haben nicht die gleiche Macht wie Spiele, denn beim Spielen tut ihr etwas – ihr seid Teil der Handlung und übernehmt Aufgaben. Da diese Tätigkeiten einen Endlosmodus besitzen, entziehen sie sich immer wieder der erfolgreichen Abspeicherung. Euer Gehirn beißt sich fest, möchte es in den Autopiloten legen, vermag es aber nicht, da die Handlung kein Ende besitzt.

Viele Spieler erinnern sich sehr genau an den Moment, als sie süchtig wurden:

Meist haben sie noch recht ungeschickt in einem Spiel agiert, als die Sucht zugriff. Manche beschreiben es als in das Spiel hineingesaugt werden, für andere geht es mit Schwindel und Unwohlsein einher, der nächste hat Schwierigkeiten mit dem Umschalten der Augen vom Bildschirm auf die reale Welt. Da ist anscheinend eine fremde Macht, die nach euch greift. Euer Bewusstsein wird eingefangen und das hat die Auswirkung, dass ihr den Ehrgeiz entwickelt, es schaffen zu wollen! Ihr seid im Bann der Sucht und die flüstert euch ein: „Beim nächsten Mal schaffst du es!"

Die meisten von euch frönen ihrer Spielleidenschaft in den Abendstunden, bevor sie zu Bett gehen, und genau hier greift die verhängnisvollste aller Auswirkungen! Sie ist so gravierend, dass sie euer Leben ruinieren und unter Umständen sogar zum Tode führen kann!

Wenn ihr abends einschlaft, begibt sich ein Teil von euch auf die Traumebene. Ihr plant dort euer Leben vor, erzählt von euren derzeitigen Aktivitäten, begeistert andere für eure Unternehmungen und sprecht mit Beratern über eure Lernschritte. Das hat die Auswirkung, dass ihr euer Leben erfolgreich vorplant und gestaltet! Es ist die beste Werbung, die ihr erreichen könnt, weil sie unmittelbar ins Kollektive Bewusstsein einfließt. Ihr schöpft mit göttlicher Segnung euer Vorwärtskommen und zieht damit Wohlstand und Anerkennung in euer irdisches Leben! Das erreicht ihr normalerweise ohne Spielsucht!

Wenn ihr nun aber spielsüchtig seid, begibt sich euer Traumkörper nicht mehr auf die schöpferische Ebene sondern sucht stattdessen eine Art „Traum-Las-Vegas" auf. Dort könnt ihr auch nachts noch eurer Spielleidenschaft frönen. Was zur Folge hat, dass Stagnation und Enttäuschungen in eurem Leben Einzug halten. Allen euren Unternehmungen fehlt plötzlich die göttliche Segnung!
Ihr fragt euch vielleicht, was ihr falsch macht? Warum eure Geschäftsanzeigen nicht mehr gelesen werden? Warum eure Bewerbungen nicht berücksichtigt werden? Wieso eure Anstrengungen nur von sehr mäßigem Erfolg gekrönt sind?
Es ist ganz einfach: Die Spielsucht hält euch von der schöpferischen Traumebene fern! Der Schöpfergott in euch verliert das Interesse an der Vorwärtsentwicklung!
Und das wiederum bewirkt, dass ihr euch selbst blockiert und eure Aktivitäten im Sande verrinnen – sie sind einfach ohne Licht – ohne göttlichen Glanz. Ihr werbt auf Ego-Ebene! Die meisten sind erst dann bereit zu erkennen, dass etwas nicht mehr stimmt, wenn sie sich finanziell in eine prekäre Situation gebracht haben.
Gut, nehmen wir einmal an, ihr vermutet, dass diese Aussagen auf euch oder einen nahen Bekannten zutreffen könnten! Der erste Schritt, um Klarheit zu bekommen, ist die Selbstbeobachtung: Wie häufig spielt ihr?

Schreibt eine Woche lang auf, wie viel Zeit ihr mit Spielen verbringt. Falls ihr bei euren Spielen Geld einsetzt: Wie viel Geld ihr dabei ausgebt und wie hoch euer Gewinn ist.

Damit bekommt ihr einen Überblick.

Aber es gibt auch eine gute Nachricht: Ihr könnt es jederzeit beenden und in wenigen Wochen mit neuem Elan und göttlicher Segnung euer Leben umgestalten!

Dafür dürft ihr euch nur entscheiden aufzuhören. Überlegt euch, wann ein guter Tag dafür wäre? Viele werden erstaunt sein, wie einfach es ist! Besinnt euch auf eure alten Hobbys, lest wieder, räumt eure Schränke auf, trefft euch mit Freunden, geht ins Kino und folgt euren neuen Ideen und seid kreativ. Wir garantieren euch nach wenigen Wochen mehr innere Zufriedenheit und äußeren Erfolg! Ihr könnt entweder bewusst sein oder spielsüchtig! Beides zusammen geht nicht! Trefft eure Entscheidung. Diejenigen, die im Moment nicht in der Lage sind, das Spielen aufzugeben, denen legen wir ans Herz, dann zumindest in den letzten zwei Stunden, bevor sie ins Bett gehen, einer anderen Beschäftigung nachzugehen.

Frage:
Ich spiele gelegentlich am Computer Karten und habe mir immer eingebildet, es trainiere meine Logik. Jetzt möchte ich gern wissen, ab wann das in stumpfsinnige Sucht kippt?

Konfuzius

Gut, es gibt verschiedene Kategorien von Spielen und Kartenspiele gehören mit zu den harmlosen! Das Schlimmste sind die Kriegsspiele, weil sie tatsächlich zur Verrohung einer Generation führen, die Kampfbereitschaft steigern und damit die Kriegsgefahr erhöhen. In die zweite Kategorie gehören Glücks- und Automatenspiele, die ihr mit Geld bestückt. Manche Spieler haben da schon Haus und Hof verspielt, aber auch wenn das Haushaltsgeld der Familie am Anfang des Monats in den Automaten wandert, entsteht daraus viel Leid. Kommen wir nun zur nächsten Kategorie: Such-, Versorgungs- und Kartenspiele. Wenn du tatsächlich nur gelegentlich spielst und nicht täglich mehrere Stunden, dann ist es nicht bedenklich. Normalerweise gehst du solange einer Tätigkeit nach, wie sie dich befriedigt und damit interessant ist. Irgendwann bekommst du den inneren Impuls: „So jetzt reicht es!" Die Frage ist nun, hörst du dann tatsächlich auf und wendest dich einer anderen Aktivität zu oder gibt es diesen „Suchtteil" in dir, der dich anheizt: „Nochmal! Nochmal – so kannst du nicht aufhören! Das nächste Spiel gewinnst du bestimmt!"

Kommt dir das bekannt vor?

Antwort:

Ja, ich weiß wovon ihr sprecht! Manchmal möchte ich unbedingt mit einem Sieg aufhören und spiele noch drei Spiele, bis ich es schaffe, obwohl ein anderer Teil von mir denkt, dass das blöd ist!

Konfuzius

Gut, dann bist du zumindest an der Suchtgrenze! Wenn ihr süchtig seid, werdet ihr häufig von der Stimme eures inneren Saboteurs angeleitet!

Lasst uns das genauer beleuchten: Ihr werdet von Kindheit an darauf programmiert euren Gefühlen und Impulsen zu misstrauen. Ihr werdet dazu erzogen auszuharren, wenn ihr gehen möchtet! Sich angepasst zu verhalten, wenn ihr schreien könntet! In der Masse nicht aufzufallen, obwohl ihr ausbrechen möchtet!

Es ist diese angepasste Verhaltensweise, die euch immer wieder auf irdischer Ebene Dinge tun lässt, die euch nicht wirklich gefallen. Als Kinder ertragt ihr langweilig gestaltete Schulstunden. Als Student entscheidet ihr euch für einen Studiengang, der euch nicht die Bohne interessiert, aber möglicherweise eine gute Bezahlung in Aussicht stellt.

Ihr verbiegt euch so lange, bis das innere Maß voll ist! Und dann gibt es zwei Möglichkeiten, entweder ihr explodiert und wandert aus, beziehungsweise krempelt euer Leben um oder ihr zieht euch eine Krankheit zu und wechselt die Ebene.

Aber gegenteilig kennen die meisten auch die tiefe Befriedigung, die entsteht, wenn ihr ein neues geliebtes Projekt vollendet!

Würdet ihr einer Generation gestatten tatsächlich auf ihre Impulse zu hören, wäre das ein Meilenstein in der Entwicklung!

Kriegsspiele sind eine Erfindung des Militärs

Frage:
Es gibt ja diese Kriegsspiele am Computer, die häufig von Jugendlichen gespielt werden. Was hat das für eine Auswirkung auf die Seele des Kindes und die Entwicklung der Gesellschaft generell?

Konfuzius

Im Ursprung wurden diese Spiele erfunden, um Soldaten die Hemmung zu nehmen, auf Menschen zu schießen. Sie sind also eine Erfindung des Militärs, die heute leider eine Verbreitung bis ins Kinderzimmer hat. Nicht jeder Jugendliche, der so ein Spiel spielt, ist potenziell gefährdet zum Killer zu werden. Aber es fördert ganz klar die Aggression und auch den Wunsch Berufssoldat zu werden!

Gehen wir dafür zeitlich ein Stück zurück: Ab ca. 1970 nahm immer stärker das Interesse am Wehrdienst ab, es wurden Alternativen geschaffen, die stetig größeren Anklang fanden. Das Militär hatte schon bald ein großes Personalproblem, nur sehr wenige hatten noch Lust, an der Waffe zu dienen und lehnten den Wehrdienst aus Gewissensgründen ab und leisteten stattdessen Zivildienst.
Eure militärischen Bündnisse sahen die Gefahr der Selbstauflösung! Wenn der Trend weiter anhielte, wäre absehbar gewesen, wann in der letzten Kaserne das Licht ausginge. Mit der Perestroika in Russland und dem Auflösen des Warschauer Paktes fiel der Hauptgrund der Verteidigung weg. Es gab geheime Krisensitzungen, wie dieser Bewegung zu begegnen sei. Im Wesentlichen haben sie sich auf drei Punkte konzentriert:

- Das Schüren von Konfliktherden, damit die Öffentlichkeit versteht, wie wichtig ihre Existenz ist.

- Die Verbreitung von Schießspielen, damit das Problem mit dem Nachwuchs beseitigt wäre.
- Die Sicherung von Rohstoffgebieten.

Auf allen Gebieten waren sie überaus erfolgreich!
Das Militär befürchtete die Selbstauflösung und dieses Szenario war für viele dekorierte Herren ein Albtraum. Was ihnen ganz klar gefehlt hat, war eine positive Aufgabe – eine sinnvolle Alternative.

Frage:
Könnte so ein Spielsüchtiger auch zum Amokläufer werden?

Konfuzius
Das ist dann der Fall, wenn verschiedene Komponenten zusammen-kommen. Zum Beispiel, wenn sich ein junger Mensch ausgegrenzt fühlt und keine Freunde hat, ein geringes Selbstbewusstsein besitzt, wenn es Reibungen gibt und sonst keinerlei Interessen vorhanden sind, dann birgt es eine potenzielle Gefahr, dass er sich in diesen Spielen verliert und die ganze Freizeit damit zubringt. Bei manchen ist es eine Phase, die nach zwei, drei Jahren wieder abklingt. Aber hier ist auch eure Verantwortung als Eltern gefragt! Es gibt heute 4jährige, die am Computer schießen lernen. Hört auf, euch aus der Verantwortung zu stehlen! Im Kinderzimmer gestaltet sich die künftige Situation der Welt!
Es gibt noch eine andere Gefahr, die ihr erkennen dürft: Meister Kut-humi hatte euch erklärt, dass Spielsüchtige nicht mehr auf die schöp-ferische Traumebene kommen, weil sie so fanatisch sind, dass sie dann auch nachts weiter spielen. Im Falle von Kriegsspielern suchen sie Traumrealitäten auf, in denen gekämpft wird. Und dort gibt es auch Anwerber für eine militärische oder eine terroristische Laufbahn. Je nachdem, aus welchem Hintergrund sie kommen, könnte das eine oder das andere interessant sein. Viele junge Menschen leiden dann unter Schlafstörungen und werden depressiv und das hat damit zu tun, weil

sie sich immer nur in den allerniedrigsten Traumrealitäten aufhalten. Töten – wenn auch nur virtuell – ist eine Vergewaltigung der Seele und das hat ganz klar Auswirkungen auf die Psyche eines Menschen.

Frage:
Ihr habt gesagt, es fördert den Wunsch Berufssoldat oder Terrorist zu werden, und dass es auf der Traumebene auch Anwerber für beide Bereiche gibt. Könnt ihr das näher erläutern?

Konfuzius

Ja, und das ist sehr schade! Viele junge Menschen, die spielsüchtig sind, werden in ihrer Seelenentwicklung regelrecht zurückgeworfen. Sie ziehen abends, bevor sie zu Bett gehen, am Computer in den Krieg. Diese Schlacht setzt sich auf der Traumebene fort, wenn sie schlafen gehen, indem sie sich mit anderen zusammentun, die derselben Leidenschaft frönen.

Auch hier könnt ihr nach Lust und Laune weiter schießen. Was glaubt ihr, welche Zukunftsplanung sich dadurch ergibt? Die Aussage, die ein Kriegsspieler über seine Lebensplanung macht, ist: „Ich möchte in einen Kampf ziehen und sterben!" Und jetzt kommen die Anwerber ins Spiel. Jede Armee und jede Terrororganisation beschäftigen Rekruteure. Und die erste Anwerbung geschieht nachts auf der Traumebene. Die Anwerber locken euch mit neuen Waffen. Ihr träumt dann, dass ihr tatsächlich tötet. Hier wird überprüft, in wie weit ihr bereit seid auf Menschen zu schießen. An dieser Stelle bekommen viele Albträume und Schlafstörungen!

Wenn Spieler am Computer töten, dann geht das meist ohne Schreie und Blutvergießen vonstatten. Die Spielfigur löst sich in einer schwarzen Wolke auf. Auf der Traumebene werden sie von Anwerbern vorbereitet, auf einen tatsächlichen Kriegsschauplatz. Das ist für viele der Moment, wo sie aufhören und auf Kriegsspiele verzichten.

Aber es gibt auch die, die weiter in die Schlacht ziehen. Und die Wahrscheinlichkeit ist gegeben, dass sie auch auf irdischer Ebene angeworben werden, für eine Laufbahn als Berufssoldat oder als Kämpfer für eine Terrororganisation.

Was das heute bedeutet, wisst ihr! Nach der Grundausbildung geht es oft sehr schnell zum Kampfeinsatz ins Ausland. Auch dort gibt es im Camp immer die neuesten Computerspiele. Aber alle, die bereits an einem Einsatz teilgenommen haben, denen ist die Desillusionierung deutlich anzusehen. Sie haben Kameraden sterben sehen, haben selbst auf Menschen geschossen, die sich im Tod als harmlose Zivilisten herausstellten. Sie haben die Verheerungen, die Waffen anstellen, mit eigenen Augen gesehen. Das Schreien der Verletzten, abgerissene Gliedmaßen, Explosionen und Geräusche des Krieges, verfolgen sie in jeder Minute. Ihre Seele fühlt sich zerrissen an, sie könnten schreien vor Verzweiflung und fragen sich voller Bange: „Wie bin ich bloß hier gelandet? Werde ich die nächsten Jahre in dieser Hölle überstehen? Möchte ich sie überhaupt überleben oder könnte der Tod eine Erlösung sein?"

Das ist der Moment, wo sie Kriegsspiele verfluchen! Und es ist sehr tragisch. Aus diesem Grund sind diplomatische Lösungen in Konfliktherden so wichtig! Sprecht miteinander und setzt euch für den Frieden ein! Solange ihr aufrüstet, wird sich immer ein „Feind" zeigen.

Frage:
Ich verstehe nicht, wieso ihr es zulasst, dass diese Anwerber auf der Traumebene – was ja euer Metier ist – junge Menschen für den Krieg oder Terrorismus rekrutieren? Könnt ihr da nicht eingreifen und das beenden?

Jesus Sananda
Das würde nichts bringen! Die menschliche Erfahrung ist ein unersetzliches Werkzeug zur Weiterentwicklung! So wie die Mutter ihrem Kind keine Erfahrung ersparen kann, indem sie Verbote ausspricht! Letztendlich erfüllt sich das, was die Seele für ihre Weiterentwicklung benötigt und der Lernweg kann gnadenlos erscheinen. Ist es aber nicht! Ihr seid in einer Zeit, in der bewusste Selbstverantwortung von jedem

abverlangt wird! Das bedeutet, dass ihr sehr klar entscheiden dürft, welchen Weg ihr wählt! Und das immer wieder aufs Neue!

Die meisten Rekruten unterschreiben ihren Vertrag, wenn sie sich in einem persönlichen Drama befinden. Sie fühlen sich als Opfer einer persönlichen Niederlage, das können das Ende einer Liebesbeziehung sein, die dreihundertste Bewerbung, die keine Beachtung findet und viele weitere Missgeschicke, die Wut erzeugen und selbstzerstörerische Schritte begünstigen. Wenn sie sich dann jeden Abend zurückziehen und ihrer Wut in Kriegsspielen Ausdruck verleihen, dann ist das ein Ergeben in die Hoffnungslosigkeit!

Hier würden Gesprächsgruppen mit Gleichgesinnten helfen. Das Teilen der Gefühle würde ihnen vermitteln, dass sie nicht allein mit ihrer Enttäuschung sind. Es würden sich Freundschaften, menschliche Nähe und gegenseitiges Verständnis bilden. Und möglicherweise könnte so eine Gruppe Ideen der Selbstverwirklichung erschaffen, die wirklich genial sind!

Opfer lassen sich rekrutieren, weil das der schnellste Weg ist, den Planeten zu verlassen und sich der Selbstverantwortung zu entziehen! Aber dieser Weg ist steinig, blutig und grausam!

Frage:

Ich habe einen Sohn, der mit Leidenschaft diese Kriegsspiele spielt. Er verbringt Stunden vor dem PC und ist jetzt 15 Jahre alt. Ich wollte wissen, ab wann wird er für die Anwerber interessant und was können wir als Eltern tun, um ihm vom Kriegsspiel abzuziehen?

Jesus Sananda

Verweigert den Kauf von Kriegsspielen. Ein junger Mensch, dessen einzige Leidenschaft es ist am Computer zu töten, ist krank und gehört in Behandlung. Ihr könnt einem jüngeren Kind Regeln aufzeigen und die Spielzeit begrenzen, aber ab einem bestimmten Alter wird das schwierig. Holt euch Hilfe bei einer Suchtberatung und informiert die Kinder so früh als möglich über die Konsequenzen. Gebt ihnen die

Seiten über Spielsucht zu lesen. Und lasst sie selbst entscheiden, welche Zukunft sie wählen! Das Begrenzen der Spielzeit ist ein ewiger Kampf, in denen sich Eltern immer wieder aufreiben. Deshalb ist es in einem bestimmten Alter wichtig, dass ihr die Verantwortung auf sie übertragt und zwar mit allen daraus resultierenden Konsequenzen. Lasst sie los! Wir wissen, wie schwer euch das fällt! Aber so lange ihr um sie kämpft, sehen sie keine Notwendigkeit in die Selbstverantwortung zu gehen.

Auf der Traumebene angeworben werden die meisten zwischen 14 und 16 Jahren. Da kommen die Rekruteure mit neuen Waffen und sie werden getestet für einen Kriegseinsatz. Die meisten Spieler erschrecken zu Anfang, bekommen Albträume und wechseln zu anderen Spielen, aber viele kehren zum Kriegsspiel zurück. Eine Anwerbung auf der Traumebene bedeutet noch nicht, dass sie automatisch auch eine Laufbahn als Berufssoldat oder Terrorist einschlagen. Aber den verantwortlichen Kreisen für eine irdische Rekrutierung sind die Mailadressen von begabten Kriegsspielern bekannt. Die Werbung für eine militärische Karriere kommt per Mail – schaut auch in den Spamordner. Das gleiche gilt für Terroristen.

Auch wenn es dir sehr schwer fällt, sprich mit deinem Sohn, kläre ihn über die Konsequenzen auf und übergib ihm die Verantwortung für seine Zukunft! Und dann höre auf zu kämpfen und ihn zu mahnen. Behandle ihn wie einen erwachsenen Mann, der sehr bewusst weiß, was er tut. Und respektiere seine Wahl! Da liegt die größte Chance!

Frage:
Gibt es heute auch Menschen, die einen Krieg schüren und vielleicht von einem 3. Weltkrieg träumen?

Jesus Sananda
Ja, die gibt es! Und sie sitzen zum Teil in hohen Positionen. Nur haben sie keine Mehrheit und keinen Rückhalt in der Bevölkerung. Die

breite Masse der Bevölkerung ist friedliebend und möchte Konflikte diplomatisch lösen. Auch viele Politiker setzen sich in nächtelangen Gesprächen immer wieder für friedliche Lösungen ein.

Ihr seid heute bereit, hinter den äußeren Schein zu schauen und die Ursachen zu erforschen. Des Weiteren erkennt ihr die Kriegsbefürworter deutlich an ihren Vorschlägen und in einigen Ländern auch an ihren Taten. Konflikte lassen sich nicht mit Gewalt lösen!

Aber ihr seid hochgerüstet und habt eine weltweite Finanzkrise. Diese Finanzkrise führt zur Unzufriedenheit in einer breiten Schicht der Bevölkerung. Die Jugend ist fasziniert von Kriegsspielen am Computer. Ihr hättet also alle Voraussetzungen, um die Lunte des Krieges zu entzünden, wenn da nicht euer Bewusstsein und Verantwortungsgefühl wären!

Dadurch, dass viele weitentwickelte Seelen geboren wurden und sehr viele intensiv an ihren Emotionen gearbeitet haben, besitzt ihr heute eine Freiheit in eurem Bewusstsein, die sich nicht so ohne weiteres überrumpeln lässt. Heute werden Befehle hinterfragt und nicht blindlinks erfüllt. Ihr möchtet in dieser Zeit den Sinn und Zweck von Aktionen verstehen. Es regt sich friedlicher Widerstand in der Bevölkerung, und ihr legt euer Veto ein, durch das Unterschreiben von Petitionen oder Friedensdemonstrationen.

Was glaubt ihr, was passieren würde, wenn in Europa ein Volk zu den Waffen gerufen würde? Etwa 90% würden diesen Aufruf verweigern! Und das wissen eure Politiker sehr genau!

Die Armee hat trotz Computerspielen große Mühe Berufssoldaten anzuwerben. Sie müssen immer neue Anreize schaffen, um überhaupt jemanden zu bekommen. Und die, die sie rekrutiert haben, verstehen sehr schnell, dass ihr Leben an einem seidenen Faden hängt, und sie nichts mehr zu verlieren haben. Sie verweigern unsinnige Befehle, sie lernen selbständig zu denken, und blinder Gehorsam ist für sie nicht mehr zeitgemäß!

Eure Soldaten ließen sich auch für zivile Dienste einsetzen, zum Beispiel bei Unwetterschäden, Fußballspielen, Bränden und anderen Unfällen. Und wir können euch versichern, dass ihnen derartige Tätigkeiten auch sehr viel mehr Freude bereiten würden.

Frage:
Da gibt es die Terrororganisation, die sich IS – Islamischer Staat – nennt. Ihre Anhänger ziehen grausam mordend durch mehrere Länder, bringen Andersgläubige um und vergewaltigen Frauen. Und all ihre Gewalt dokumentieren sie dann noch im Internet. Ich finde das furchtbar! Mir ist klar, dass ihr nicht für Gewalt seid, aber wie kann man sie stoppen?

Jesus Sananda
Langfristig gesehen, indem ihr Computerkriegsspiele vom Markt nehmt und aufhört Waffen herzustellen und zu exportieren. Hört auf, euch in die Angelegenheiten anderer Länder einzumischen und ihnen vorzuschreiben, wie sie ihr Leben zu führen haben! Hört auf, euch Rohstoffmärkte anzueignen, die nicht die euren sind. Das sind die Punkte, die ihr erkennen und umsetzen dürft!
Kommen wir jetzt zu den kurzfristigen Lösungen: Da gibt es also ein Gebiet, was von einer Terrororganisation überrannt wird, die sich absolut unmenschlich verhält.
Das einzig legitime Mittel der Einmischung ist die Diplomatie! Jede Gewalt entfacht neue Gewalt. Kümmert euch um fliehende Zivilisten, sichert die Grenzen und riegelt alle Waffenlieferungen ab. Schneidet ihnen den Weg zu Wasser und Nahrung ab. So ergibt sich der geringstmögliche Schaden!
Darüber hinaus ist es wichtig, dass ihr lernt mit Politikern und Stammesführern über Probleme zu reden. Der Wunsch nach einem islamischen Staat hat Gründe, die in einer jahrelangen Bevormundung zu finden sind. Die breite Masse der Moslems ist angewidert von den Gräueltaten der IS und lehnt das Vorgehen dieser Terrororganisation ab, aber es gibt auch heimliche Sympathisanten. Hört auf sie mit Waffen zu beliefern!

Wir würden gern noch etwas zu den Hintergründen des Terrorismus durchgeben:

Junge Menschen mit Immigrationshintergrund sehnen sich nach ihren Wurzeln und das hat eine Ursache: Wenn sie bei euch aufwachsen, bekommen sie auf vielfache Weise vermittelt: „Du gehörst nicht dazu! Verschwinde! Mit dir wollen wir keine Freundschaft!" Für ein Kind oder einen Jugendlichen ist diese Erfahrung sehr schmerzhaft. Vielleicht habt ihr in der Kindheit selbst einmal eine Ausgrenzung erlebt und wisst noch, wie sich das anfühlt? Warum lasst ihr sie nicht miteinander spielen?

Jeder Mensch möchte dazugehören, sehnt sich nach Freundschaft und gemeinsamen Erlebnissen.

Die immer wieder erlebte Zurückweisung führt zu Frust und genau das macht sie letztendlich empfänglich für die Lockrufe des Terrorismus.

Diese jungen Menschen haben häufig ein verklärtes Bild von ihrer zweiten Heimat, die sie nur vom Urlaub kennen, aber in der sie das erste Mal Anerkennung erfahren haben und vielleicht sogar etwas Besonderes waren. Gebt ihnen die Chance Zeit dort zu verbringen, damit sie über den Urlaub hinaus die Kultur kennenlernen, aus der ihre Familie stammt. Wenn sie als junger Mensch den Wunsch haben für einige Zeit bei den Großeltern zu leben, um dort die Schule zu vollenden oder eine Ausbildung zu machen, dann ermöglicht es ihnen.

Baut euer Misstrauen ab! Es ist das Misstrauen, was euch ausländische Freunde eurer Kinder wegschicken lässt. Jüngere Kinder haben keine Vorurteile! Sie gehen aufeinander zu und sind füreinander offen. Es ist die ältere Generation, die dafür sorgt, dass Vorurteile und Ablehnung Bestand haben. Das ist menschenverachtend und arrogant! Wenn ihr bereit wäret für ehrliche Freundschaften, würde dieser Entwicklung der Nährstoff entzogen.

Die hochschwingende Zeit führt euch eure Versäumnisse vor Augen! Kein Kind, was geboren wird, hat das Lebensziel Terrorist zu werden. Die Gründe für den Terrorismus liegen beim Kriegsspiel auf dem

Computer, in eurem Misstrauen, der Ausgrenzung und Ablehnung und in einer arroganten Politik der Bevormundung. Des Weiteren führt die finanzielle Situation auf eurem Planeten zu einem wirtschaftlichen Abbau von Chancen und Sicherheiten, die besonders junge Menschen zu spüren bekommen. Jeder Einzelne trägt mit seinem Verhalten dazu bei, die Situation zu entspannen oder zu verhärten. Baut eure Vorurteile ab! Bei den Unbelehrbaren sorgt letztendlich das Hologrammkino für einen gerechten Ausgleich: Wer eine bestimmte Kultur hasst und bekämpft, bekundet damit sein Unverständnis dafür. Durch eine Geburt im nächsten Leben in dieser Kultur, lernt ihr sehr rasch Verständnis und könnt sie sofort annehmen!

Frage:
Ihr hattet uns in der Vergangenheit berichtet, dass seit etwa 1990 nur noch weitentwickelte Seelen geboren werden. Wie ist es möglich, dass diese sich trotzdem für den IS begeistern und freiwillig dahin gehen?

Kuthumi
Das ist möglich! In jedem Krieg werden Menschen zu Bestien und begehen Gewalttaten, zu denen sie unter normalen Umständen nicht fähig wären. Es ist der Gruppenzwang, der das Überleben des Tages mit Gewaltorgien feiert.
In einer freiheitlichen Gesellschaft kommt das Edelste und Großzügigste im Menschen zur Entfaltung! Im Krieg dagegen das Widerwärtigste und Hinterhältigste!
Durch Kriegsspiele am Computer werden junge Menschen abgestumpft gegenüber Gewalt. Es findet ganz klar eine Rückentwicklung der Seele statt!
Wer am Bildschirm jeden Tag viele „virtuelle Tode" stirbt, durchläuft eine Radikalisierung und plant damit auch klar sein eigenes Ableben.
Solange es Kriegsspieler gibt, gibt es auch Nachwuchs für den IS und ein Interesse an kriegerischen Auseinandersetzungen.
Wir sind gespannt, welche Zukunft ihr für die Erde erschafft!

Sucht – die verzweifelte Suche nach Erfüllung – und wie man sie beendet

Erzengel Michael

Geliebte Menschenkinder, sehr wahrscheinlich wäre die Entwicklung auf der Erde heute eine andere, wenn ihr nie Computerspiele erfunden hättet! Mittlerweile ist ein Siebentel der Erdbevölkerung spielsüchtig, verbringt die Abende vor dem Tablet-PC und die Nächte in „Las-Vegas" oder im virtuellen „Krieg".

Das hat tragische Auswirkungen auf die Vorwärtsentwicklung, nicht nur des Einzelnen, sondern es schwächt auch die kollektive Planung, begünstigt die Unbewusstheit und kriegerische Auseinandersetzungen. Die häufigste Ausrede, die wir von Spielsüchtigen hören, ist: „Ich kann mich dabei entspannen!"

Glaubt ihr wirklich, dass der Entspannungszustand, den ihr beim Computerspiel erreicht, vergleichbar ist, mit dem nach einer Meditation oder der Lektüre eines Buches?

Es mag sein, dass sich euer Ego aus einem bestimmten Gedankenkarussell lösen kann und ihr, dadurch bedingt, das Gefühl der Entspannung habt. Aber das ist keine Entspannung, in die eure Seele integriert ist! Es ist eher Ablenkung. Merkt ihr nicht, dass ihr unausgeglichen und unzufrieden seid? Und dass zu viel in eurem Leben schief läuft?

Warum werden Menschen süchtig? Sucht ist die verzweifelte Suche nach einer Erfüllung, die euch anscheinend verloren gegangen ist. Diese Erfüllung präsentiert sich als ein Hochgefühl, welches den meisten Menschen nur wenige Male in einem physischen Leben zuteil wird. Es sind Augenblicke höchster Ekstase, zum Beispiel der erste Kontakt zu eurem Neugeborenen und die tiefe Dankbarkeit darüber oder die Weihnachtsstimmung in eurer Kindheit. Das kurze Hochgefühl nach einem gewonnenen Fußballspiel. Die Herzöffnung und Euphorie mit der sich Frischverliebte aufeinander stürzen. Die Unbeschwertheit und kindliche Freude, die euch erfüllen, wenn ihr einen Tag in einem Vergnügungspark verbringt. Oder die Erleichterung, wenn sich das positive Ende eines Dramas abzeichnet. All das ist geschwängert mit einem Hauch „Himmelsgefühl" und beschenkt euch mit tiefer Befriedigung. In solchen Momenten fließt euer Herz über und ihr seid suchtfrei!

Wenn eure Seele am Ende des Inkarnationszyklus steht – also im fortgeschrittenen Seelenalter ist – schleicht sich eine Sehnsucht nach einer Welt, die perfekt ist, ein. Es ist eine Urerinnerung an den Frieden und die Freiheit in eurer geistigen Heimat. Eure „Vertreibung aus dem Paradies" ist die eigentliche Ursache für die Sucht. Ihr seid geistige Wesen und damit mit einem Aufenthalt in höheren Sphären weitaus vertrauter als mit der irdischen Ebene.

Auf der Traumebene gibt es Kurse, wie ihr aus der Computerspielsucht herauskommt. Sie werden abgehalten von Erzengel Michael und seinen Helfern.

Der Wille die Spielsucht zu beenden muss vom Süchtigen selbst kommen! Kein Angehöriger besitzt die Macht, die Entwicklung zu durchbrechen! Erst, wenn ihr soweit seid, dass euch die Spielerei mehr frustet als erfüllt, habt ihr eine Chance sie zu beenden.

Macht euch auf den Rücken eures Tablet-PC´s oder der Spielkonsole einen Zettel mit dem Spruch:

Ich entscheide mich heute für das Spiel und damit gegen Lebensplanung und Vorwärtsentwicklung!

Möglicherweise erscheint euch das hart, aber es ist die Entscheidung, die ihr trefft, wenn ihr bis zum Zubettgehen spielt. Wer es nicht vermag sich zu lösen, sollte zumindest zwei Stunden früher aufhören, dann erwischt ihr noch das absolute Minimum an Planung und lebt nicht nur aus dem Ego.

Die zweite Frage, mit der ihr euch beschäftigen dürft, ist:

Durch welchen Frust bin ich zum Spielen gekommen?

Viele beginnen mit dem Spielen, nachdem im Leben etwas schief gelaufen ist. Werdet euch dessen bewusst, was euch zu Beginn der Spielsucht angeödet hat!

Manchmal ist das eine Enttäuschung, eine Zurückweisung oder das Gefühl nicht dazu zu gehören. Werdet euch bewusst, was es bei euch war!

Notiert euch die Erkenntnisse! Bei den meisten steckt ein verdrängtes Gefühl dahinter und dieses Gefühl möchte erkannt werden. Dafür ein Beispiel: Angenommen, ein Spieler hat mit seiner Leidenschaft begonnen, nachdem eine Beziehung auseinander gegangen ist. Möglicherweise hat die Person auch schon vorher gelegentlich gespielt, aber nur sporadisch und ohne Sucht. Nach Beendigung der Beziehung hat die Spieldauer zugenommen und vielleicht gab es da einen Moment, wo der Spieler sehr deutlich gespürt hat, dass ihn etwas hineinsaugt in das Spiel? Da greift die Sucht!

Die Gefühle, die die Person dabei verdrängt hat, waren die Trauer über das Ende der Beziehung, die Hilflosigkeit in der Situation und die Ablehnung seiner Liebe. Das sind die Punkte, die ins Bewusstsein kommen dürfen!

Schreibt eure verdrängten Gefühle auf einen Zettel und sprecht mit einer Person eures Vertrauens darüber – das kann auch Erzengel Michael oder euer Hohes Selbst sein!

Dann macht ein zwanzigtägiges Ablösungsritual: Stellt euch zwei Lichtkreise am Boden vor. In dem einen Kreis sitzt ihr, im anderen Kreis befinden sich euer Tablet-PC und der Zettel mit euren verdrängten Gefühlen.

Ruft euch Erzengel Michael an eure Seite und stellt euch vor, wie sein blaues Licht in Form einer Acht die Kreise umrundet. Beginnt beim gegenüberliegenden Kreis in Uhrzeigerrichtung, lasst das blaue Licht die Schnittstelle zwischen den Kreisen passieren und visualisiert, wie das blaue Licht links an euch vorbeifließt, euch umrundet, erneut die Schnittstelle passiert und den gegenüberliegenden Kreis im Uhrzeigersinn umrundet. Stellt euch diese blaue Licht-Acht und das Kreisen etwa zwei Minuten lang vor. Macht dieses Ritual täglich für zwanzig Tage.

Am 21. Tag kommt der Abschluss: Stellt euch vor, wie Erzengel Michael mit seinem Lichtschwert die Acht an der Schnittstelle durchtrennt.

Wenn ihr bereit seid, könnt ihr in kurzer Zeit und mit geringem Aufwand die Spielsucht beenden!

Wir werden auch Ute dazu Informationen für einen neuen Kurs durchgeben.

Abrüstung und Waffenhandel

Frage:
Ich habe manchmal das Gefühl, dass wir wieder in eine Zeit des kalten Krieges hineinrutschen. Wie ist das möglich?

Jesus Sananda

Wir begrüßen euch ganz herzlich. Anscheinend ist es so, dass eure Welt nach einer Phase der Annäherung und Völkerverständigung wieder in eine neue Phase des Kalten Krieges zurückgleitet und viele fragen sich: Wie ist das möglich? Warum geschieht das jetzt, nachdem ihr doch anscheinend so weit vorangekommen seid in der Vergangenheit?

Bei der Verständigung der Bevölkerung hat sich in der Tat sehr viel getan. Ihr pflegt heute über Ländergrenzen hinweg Freundschaften, besucht euch und steht in Mailkontakt. Die Menschen, die eigentlich aus Sichtweise eurer Politiker Klassenfeinde waren, sind aufeinander zugegangen und haben erstaunt festgestellt, dass sie ähnliche Bedürfnisse haben und miteinander lachen können. Da hat sich enorm etwas getan und das ist ein sehr wichtiger und wertvoller Schritt!

Andererseits lässt es sich nicht leugnen, dass in den oberen Logen ein heftiger Kampf um Macht, Energievorkommen und Geld tobt. Die Bevölkerung wird belogen, bespitzelt und finanziell ausgepresst! Betroffen davon sind etwa 90 % der Erdbevölkerung.

Kommen wir zu den Unwahrheiten der Abrüstung:
Eure Politiker, Militärbündnisse und Waffenhersteller haben nie ernsthaft den kalten Krieg beendet! Zwar gibt es in der Öffentlichkeit seit den 1980er Jahren Abrüstungsverhandlungen, zu denen sich Staats-

chefs treffen und mit viel Tamtam Waffen verschrotten. Nur meistens haben sie die Waffen verschrottet, die technisch sowieso nicht mehr auf dem neuesten Stand waren. Das Ganze war Makulatur und diente eher der Beruhigung der Bevölkerung.

Wenn Politiker ernsthaft die Lage entspannen möchten, dann wäre der nächste logische Schritt, dass ihr den Wehrdienst abschafft. Den haben viele abgeschafft und in eine Berufsarmee umfunktioniert, um letztendlich Geld zu sparen. Eine Wehrpflicht gibt es in den meisten Ländern in Europa nicht mehr.

Des Weiteren wäre ein weiterer logischer Schritt, dass ihr euch aus alten Bruderschaften des Militärs zurückzieht und beispielsweise die NATO und den Warschauer Pakt auflöst. Aber das ist nur teilweise geschehen! Im Gegenteil, die NATO wird weiter ausgebaut. Es gibt zahlreiche neue Stützpunkte im Osten von Europa, die begründet worden mit der Bedrohung durch den Iran. Derartige Rechtfertigungen sind geradezu armselig! Ebenso erhaltet ihr euch gern alte Militärstützpunkte aus der Vergangenheit – vor allem dann, wenn die entsprechenden Länder über Erdöl oder ähnliche Rohstoffe verfügen.

Meine Lieben, um ernsthafte Abrüstungsverhandlungen voran zu treiben, wäre ein weiterer logischer Schritt das Zurückfahren der Waffenproduktion. Aber wie sieht es damit weltweit aus? Ihr habt nie mehr Geld für Waffen und deren Export eingestrichen, als das heute der Fall ist. Ethische Bedenken werden auf die Seite geschoben, um einen finanziellen Gewinn zu erzielen. Waffen helfen nicht den Frieden auf der Welt zu sichern, sondern sie gefährden ihn!

Nun fragt ihr euch: Warum können die Politiker und Militärbündnisse nicht ernsthaft eine Friedensorientierung nach außen bringen und auch umsetzen?

Das hat sehr viel mit zwei menschlichen Eigenschaften zu tun und diese heißen Misstrauen und Habgier!

Misstrauen ist ein Gefühl, welches ihr empfinden könntet gegenüber Fremden oder eurer Konkurrenz. Und fragt euch einmal ehrlich im tiefsten Inneren, ob ihr dieses Gefühl des Misstrauens empfindet? Wann seid ihr misstrauisch? Gegenüber wem seid ihr misstrauisch?

Es geht darum, dass ihr diese Emotion in euch erkennt und überwindet. Das Gegenteil von Misstrauen ist Vertrauen. Und Vertrauen wächst, indem ihr euch anderen nähert, indem ihr euren Berufskollegen Hilfe anbietet, mit ihnen sprecht und Missverständnisse aus dem Weg räumt. Vertrauen heißt auch, dass ihr euch über Ländergrenzen hinweg verbindet, vernetzt und Freundschaften pflegt. Auch diese Entwicklung wird immer stärker und das ist sehr positiv!

Aber fragt euch ehrlich in eurem Herzen, ob ihr so etwas wie Misstrauen noch in eurem System habt? Und dann schaut euch an, wo es herkommt! Bemüht euch, es willentlich zu überwinden, indem ihr euch für Fremde öffnet. Alle Menschen auf der Erde sind Seelen, die eine irdische Inkarnation durchlaufen. Erst danach gehört ihr einem Volk an. In dem einen Leben habt ihr eine dunkle Haut, in einem anderen eine helle – was euch verbindet sind die Wünsche nach Gerechtigkeit, Frieden, Liebe, Wohlstand und gesellschaftlicher Sicherheit.

Und wie sieht es mit dem Misstrauen in eurer Politik aus? Seid ihr bereit miteinander zu sprechen oder tragt ihr die Brille der Vorurteile? Dient ihr dem Wohl der Bevölkerung und dem Weltfrieden oder lasst ihr euch von Lobbyisten und Kriegstreibern in euren Entscheidungen beeinflussen? In dieser Zeit kommt jedes Geheimnis ans Licht!

Habgier – den Hals nicht vollkriegen! Dieses Gefühl entstammt der Angst. Ihr verliert dabei das richtige Maß und die Verhältnismäßigkeit aus dem Blick. Da gibt es Manager, Vermittler für Steuerflucht, Lobbyisten und kriminelle Elemente, die jährlich mehrere Millionen verdienen. Sie sind in einer Tretmühle gefangen, die immerzu schreit: Mehr, mehr, mehr!

Wer sich auf Kosten anderer bereichert und gierig ist, zieht Karma und damit Ausgleich auf sich. Ausgleich von Gier bedeutet Wiedergeburt in armen Verhältnissen!

Wenn das Misstrauen und die Gier von der Erde verschwinden, dann habt ihr eine echte Chance auf weltweiten Frieden, auf eine wirkliche Abrüstung und den Rückgang von Waffengeschäften und auf den Ausstieg aus militärischen Bündnissen, die die Angst der Vergangenheit ins Leben gerufen hat.

Meine Lieben, die breite Masse der Bevölkerung ist nicht interessiert an irgendwelchen militärischen Aktionen. Das möchten wir euch auch sagen! Ihr seid heute in einem ganz anderen Energiefeld als das beispielsweise vor 100 Jahren der Fall war. Damals war das Wort Zivilist in Europa ein Schimpfwort. Ihr seht daran, wie die Bevölkerung ausgerichtet war. Ihr habt Uniformen angehimmelt, habt sie als etwas Erstrebenswertes wahrgenommen. Das ist heute nicht mehr der Fall! Die breite Masse der Erdbevölkerung möchte in Frieden und in einer guten Zukunft mit fairen Chancen auf diesem Planeten leben. Für dieses Recht dürft ihr euch stark machen! Es fällt nicht einfach vom Himmel, während ihr in euren Computerspielen zockt und stundenlang am Bildschirm Sportveranstaltungen konsumiert! Was die Erde wirklich braucht, das sind Diplomaten in Führungspositionen! Werft die Fanatiker und Kriegstreiber aus dem Amt! Leistet friedlichen Widerstand!

Meine Lieben, ihr, jede einzelne Person, speist ihre Vorstellungen von einer Welt, in der ihr leben möchtet, in das kollektive Bewusstsein ein. Bearbeitet das Misstrauen in euch! Lernt zu vertrauen und fordert eure Politiker auf, dass sie die Gesetzgebung so gestalten, dass das größte

Wohl aller Menschen eine selbstverständliche Richtlinie wird! Dann ändert sich auch die Welt zum Positiven!

Auf die Zukunft bezogen wird sich eine Entwicklung abzeichnen, in der viele Länder politisch neutral werden – wie beispielsweise die Schweiz, Österreich und Schweden. Politische Neutralität zahlt sich aus! Es ist kein Zufall, dass diese Länder selbst in der Krise besser gestellt sind. Auch sehen wir ein immer stärkeres Bedürfnis nach Volksabstimmungen. Das Volk möchte mitentscheiden, wie es leben möchte.

Meine Lieben, achtet darauf, was in euren Köpfen und Emotionen abläuft und wenn ihr spürt, dass ihr misstrauisch seid gegenüber einem Kollegen, dass ihr schadenfroh seid, wenn einem Konkurrenten ein Missgeschick passiert, dann solltet ihr schauen, wie ihr das in euch verändert. Ihr alle seid liebenswert! Jeder Mensch auf diesem Planeten hat eine Seele, die sich vorwärts entwickeln möchte. Nehmt euch gegenseitig an, vernetzt euch, tauscht eure Ideen aus und ihr werdet sehen, dass die Erde sich nach und nach zum Positiven verändert.

Frage:
Es gibt Verschwörungstheorien, die besagen, dass alle, die mit dunklen Mächten zusammenarbeiten, sehr viel verdienen und in machtvolle Positionen kommen. Es sollen da auch Außerirdische ihre Hände im Spiel haben. Ist dies wahr oder nur ein Märchen?

Kuthumi

Personen, die an dunkle Mächte glauben, und die aktuellen Geschehnisse gerne in dieser Kulisse betrachten möchten, könnten das so annehmen! Aber es wird davon nicht wahrer! Es gibt nicht wirklich eine teuflische Macht, die euch verführt. Es gibt Menschen, die geldgierig sind und es gibt andere, die bereit sind, zurückzustecken. Da findet momentan ein Kampf statt - ein ganz normaler Kampf ums Geld, um Rohstoffe und Macht. Und das nicht erst seit gestern!

Allerdings geht es dabei nicht um irgendwelche teuflischen Phänomene, noch könnt ihr es den Außerirdischen anhängen. Es ist eine bequeme Betrachtungsweise, die von sehr viel Opfermentalität geprägt ist. Menschen, die glauben, dass alles von einer unheilvollen, negativen Macht gelenkt wird, ergeben sich in ihr Schicksal, weil es eine Macht ist, die sich irdisch nicht greifen lässt! Überlegt euch das genau!

Es gibt in dem Sinne keine bösartige Macht, die euch ans Messer liefert! Es gibt eine gewaltige Herausforderung in eurer Zeit, und diese Herausforderung heißt:

„Stehe für deine Bedürfnisse ein! Stehe auf, empöre dich über Zustände, die nicht mehr erträglich sind!"

Sorgt für euch, und sagt euren Politikern, was ihr gerne verändert haben möchtet! Was ihr von eurem Staat erwartet, und wofür eure Steuergelder, die ihr bezahlt, eingesetzt werden sollen! Sie sind jedenfalls nicht dafür da Banken zu retten, die ihr Geld verzockt haben.

Meine Lieben, das Phänomen der Geldvermehrung funktioniert nicht! Und das ist etwas, was ihr begreifen dürft!

Das Ausgrenzen von anderen Menschen, Schuldzuweisungen und die Selbstsuggestion

Kuthumi

In eurer hochschwingenden Zeit ist es absolut wichtig, dass ihr euch selbst beobachtet und bewusst wahrnehmt, was in euren Köpfen abläuft!

Ein Großteil der Menschheit pflegt Feindbilder und Vorurteile. Ihr etikettiert bestimmte ethnische Gruppen als hinterhältig, gewalttätig, dumm, primitiv und vieles mehr. Ihr sprecht ihnen ihre Menschenwürde ab und hetzt lautstark darüber. Erkennt endlich das „Kastensystem" in euren Köpfen!

Wie empfindet ihr dieses Verhalten? Würde es euch gefallen auf der anderen Seite zu stehen?

Es ist genau diese Lernerfahrung, die euch erwartet, wenn ihr mit dieser ungeklärten Ablehnung sterbt!

Bei sehr vielen Menschen ist der Verstand ununterbrochen am Plappern. Ihr werdet morgens wach und schon geht es los. Die einen meckern, die anderen jammern und zwischenrein plant ihr euren Tag. Das hält an, bis ihr abends erschöpft einschlaft.

Wie lange haltet ihr es aus euer Denken abzuschalten? Fünf Sekunden, 20 Sekunden oder sogar eine Minute?

Wenn ihr es schafft, euer Denken für 20 Sekunden abzuschalten und euch nur auf euren Atem zu konzentrieren, steigert ihr damit die Fähigkeit euch selbst beim Denken zuzuschauen. Und das kann sehr erhellend sein!

Bei der Masse der Menschheit laufen Gedanken vollautomatisch, sie haben im Inneren ein Arsenal an vorgefertigten Monologen, die sie ununterbrochen wiederholen, ohne sich dessen bewusst zu sein.

Der erste Schritt da heraus ist die Selbstbeobachtung. Und die steigert sich enorm, wenn ihr gelegentlich am Tag eine 1 minütige Denkpause einlegt. Setzt euch hin, schließt eure Augen und atmet ruhig und gleichmäßig bis in den Bauch. Verjagt auftauchende Gedanken sanft ohne Selbstkritik. Wenn ihr es schafft, so lange still zu sein, dann könntet ihr im Anschluss bestellen:
„Ich aktiviere meine göttliche Weisheit!"

Wenn ihr hektisch veranlagt seid, könnte euch der Satz helfen:
„Der göttliche Plan ist perfekt und deshalb geschieht alles zur rechten Zeit!"

Wer dazu neigt sich selbst zu kritisieren, könnte sagen:
„Ich achte, liebe und wertschätze mich, so wie ich bin!"

Diejenigen, die unzufrieden mit ihrer finanziellen Situation sind, könnten sich sagen:
„Ich vertraue dem Fluss des Lebens und öffne mich für wachsenden Wohlstand!"
Diese Übung würde euch sehr in den Frieden mit euch selbst bringen und könnte eure Lebensqualität steigern.

Aber kommen wir zurück zu den Feindbildern und Vorurteilen: Wie entstehen sie?
In eurer Gesellschaft ist es üblich, immer wenn etwas schief gelaufen ist, nach einem Schuldigen Ausschau zu halten, und diesen dann zur Verantwortung zu ziehen und zu bestrafen. Dieses Vorgehen zieht Verhaltensweisen nach sich, die euch mehr schaden als fördern. Auf Arbeitsstellen werden Fehler unter den Teppich gekehrt oder anderen zugeschoben, weil niemand schuld sein möchte. Aber für den erfolgreichen Fortbestand von Unternehmen ist es außerordentlich wichtig, Fehler zu erkennen, offen darüber zu sprechen, damit sie in der Zukunft vermieden werden. Solange ihr die Eigenschaft pflegt, sie

unter den Teppich zu kehren, werden sie sich wiederholen. Ihr könnt dann jedes Mal Arbeitskräfte wegen Unfähigkeit entlassen oder auch lernen Fehler zu würdigen, weil sie euren künftigen Erfolg sichern.

Diese Bestrafung bewirkt, dass über einem Großteil der Menschheit so etwas wie ein Damoklesschwert schwebt. Viele von euch leben in Angst, etwas falsch zu machen! Und das wiederum animiert euch zu inneren Verteidigungsreden.

Die Leistungserwartung an den Arbeitsstellen ist heute sehr hoch und kaum noch zu bewältigen, weil Personalkosten gespart werden und dadurch sehr wenige immer mehr tun müssen. Diese Hintergründe liegen wiederum beim Finanzsystem und dem Schwinden des Geldflusses!

Aber welche Auswirkung hat das auf euer Denken? Jeder möchte seinen Arbeitsplatz behalten und wünscht sich Anerkennung und Sicherheit! Aber das Damoklesschwert ist eine ständige Bedrohung und reißt euch zu merkwürdigen Rechtfertigungen hin.

Beispiel: Ihr werdet morgens wach und sorgt euch sofort um euren Arbeitsplatz. Im Kopf läuft ab: „Heute ist diese Zertifizierung! Ich muss unbedingt noch einmal nachschauen, ob ich diese Änderung aktenkundig gemacht habe. Am besten ich rufe den Kollegen X an und rede mit ihm. Aber wie sieht das aus? Am Ende denkt er, ich sei unfähig! Also besser nicht anrufen! Außerdem, wer schreibt eigentlich fest, dass ich es machen muss? Es gehört überhaupt nicht zu meinem Aufgabenbereich! Der Kollege Z macht sich einen faulen Lenz. Der drückt sich doch vor jeder Aufgabe. Immer muss ich für alles den Kopf hinhalten! Das lasse ich mir nicht mehr gefallen! Sie sollen sich bloß nicht einbilden, dieses Versäumnis mir zu zuschieben! Ich mache sowieso schon viel zu viel! Wenn der Kerl mir sagt, ich hätte die Zertifizierung verbockt, kann er sich auf etwas gefasst machen! Ich werde ihm darlegen, dass 60 % der zusätzlichen Arbeit von mir erlegt wurden. Was heißt hier eigentlich 60 %? 80 mindestens 80 % gingen über meinen Platz! Dabei ist es überhaupt nicht meine Aufgabe! Der Z ist schuld, er überzieht seine Mittagspause, kommt und geht, wenn er will! Und er hat die große Schnauze, sobald er den Mund aufmacht! Diese Kröte – ein totaler Fehlgriff! Aber nicht mit mir! Der soll sich bloß hinstellen und sagen: Das hat der Herr Müller übersehen! Dann kann er was erleben! Ich werde ihm sagen: Wenn hier jemand den Mund halten muss, dann doch wohl du! Wann trifft man dich mal an deinem Arbeitsplatz? Du bist entweder in der Stadt oder du stehst bei der Sandra und flirtest. Richtige Arbeit und Verantwortung übernehmen, ist doch für dich gar nicht möglich, weil dir einfach das Wissen fehlt. Du bist ... .“

So schafft ihr in euren Köpfen Feindbilder, die ihr nach Lust und Laune bekämpfen könnt.

Falls ihr derartige innere Monologe kennt, wäre es sinnvoll diese Ergüsse zu stoppen. Selbstereiferung ändert weder etwas an der Situation, noch tut sie euch gut! Eure erste Aufgabe ist es: Ruhe im Inneren zu erschaffen!

Atmet eine Minute lang ruhig in den Bauch ohne zu denken. Fragt euch danach: Würde ich diese Litanei auch meinem Kollegen Z direkt sagen? Und dann fragt euch: Wie sieht die konstruktive Lösung eines bewussten Menschen aus?

Die praktische Anwendung der neuen Energie

Kuthumi

Meine Lieben, jetzt befindet sich die irdische Ebene, auf der ihr zu Hause seid, schon seit 2013 im neuen Energiefeld. Und einige spirituelle Menschen waren etwas enttäuscht, weil sie doch damit gerechnet hatten, dass sie eine perfekte Welt auf einem silbernen Tablett präsentiert bekommen würden. Und das hat nicht stattgefunden! Meine Lieben, so war es nie gemeint!

Ihr seid die Akteure! Ihr seid die Spielfiguren. Und die größte Veränderung findet in eurer Bewusstheit statt. Und diese Bewusstheit ist es, die einfließt ins kollektive Bewusstsein und die, bei einer bestimmten Präsenz, das Ganze in einen intensiven Prozess der Transformation versetzt. Es ist ein Zeitraum, und alle Anwesenden bestimmen das Tempo des Wandels. Eine zwanzigjährige Anpassungszeit ist nicht ungewöhnlich.

Meine Lieben, es ist wichtig für euch, dass ihr auf euer inneres Gleichgewicht achtet und eure eigene Schöpfermacht bewusst anwendet. Und diese Schöpfermacht ist heute sehr viel stärker, als beispielsweise vor 10 Jahren. Das, was ihr euch vorstellt im Inneren, realisiert sich heute viel rascher.

Spielt mit euren Möglichkeiten, aber spielt in Freude und mit Begeisterung. Es ist wichtig, dass ihr auf eure Gedanken achtet. Es ist wichtig, dass ihr wahrnehmt, auf welche Art und Weise ihr am Morgen wach werdet, und was ihr euch als Schöpfergott sagt und wie ihr euch dabei programmiert!

Wir hatten euch in früheren Publikationen über die inneren Stimmen berichtet, über den Antreiber, den Kritiker und den Verteidiger (Buch: „2012 und danach") und wie wichtig es ist, dass ihr erkennt, auf welche Art und Weise ihr euch euer Leben zuweilen zur Hölle macht!

Es ist nicht sinnvoll, dass ihr morgens wach werdet und als erstes an alles denkt, was wieder Grässliches auf euch zukommt und ihr Niederschmetterndes zu erledigen haben werdet! Ihr seid keine Opfer sondern Schöpfer! Und wenn sich so ein Schöpfer dafür entscheidet: „Ich spiele jetzt mal Opfer!" dann tut es bitte bewusst!

Meine Lieben, beachtet eure Fokussierung! Dieser neue Tag ist ein Geschenk für euch und ihr als Schöpfergötter seid aufgerufen, ihn ganz bewusst zu gestalten!

Ihr seid diejenigen, die sich ausmalen, wie dieser Tag verläuft. Ihr könnt es so tun, dass ihr davon begeistert seid. Ihr könnt aber auch, wenn ihr unbewusst seid, euch alle die Mängel ausmalen, die ihr nicht wirklich haben möchtet. Jedenfalls wird euch die neue Schwingung in eurem Vorhaben unterstützen und den selbsterzeugten Zustand verstärken.

Aber ihr habt auch die Möglichkeit das Ganze anders zu handhaben: Angenommen, ihr habt am nächsten Tag eine Herausforderung, dann stellt euch doch einfach vor: Wie diese Angelegenheit leicht, mühelos und voller Brillanz von euch erledigt wird! Das funktioniert genauso und es wird grandios von der neuen Energie unterstützt. Meine Lieben, achtet darauf, wie ihr euch am Morgen programmiert. Achtet auch auf das, was ihr euch im Inneren sagt! Werdet euch gewahr, was ihr euch erschafft in eurem Leben - ihr seid Schöpfergötter.

Und diese Schöpferenergie ist im Moment so nahe an der Oberfläche, dass sie fast beinahe unmittelbar wirkt. Alles was bremst, fällt immer mehr ab und ihr lernt jetzt in dieser Zeit, den nächsten Tag brillant zu gestalten. Meine Lieben, wenn ihr das wisst und anwendet, dann kann euer Leben absolut vollkommen werden. Seid freudvoll und begeisterungsfähig!

Sagt euch, dass ihr eine quietschvergnügte, springlebendige Seele habt, die überall auf dieser Welt Freunde trifft! Die voller Begeisterung in einen Tag hineingeht, den sie mit Freude ausstattet! Betrachtet das Ganze als ein himmlisches Abenteuer! Und achtet auf das, was ihr euch selbst sagt! Denn es hat unmittelbare Auswirkungen auf euer Leben!

Konfuzius

Ihr seid in einer Zeit, in der alles immer schneller läuft und sich Ereignisse zuspitzen, wo viel Veränderungspotential in der Luft hängt. Und bei all dieser Energie seid ihr es euch selbst schuldig, dass ihr euch zurücknehmt, dass ihr euch ehrt, liebt, euch Zeit gönnt und euch nicht anstecken lasst von dem Drama, was da draußen stattfindet. Es ist eine große Reinigung – die Hasserfüllten verlassen den Planeten! Lasst sie ziehen! Aufgrund der Zeitebenen ist die Wahrscheinlichkeit gegeben, dass sich diese Intensivreinigung bis 2017 hinzieht. Aber es ist gleichzeitig eine Zeit des großen Erwachens und Erkennens.

Meine Lieben, ihr alle seid Schöpfergötter und diese, eure Schöpfung kommt mit jedem Tag mehr zum Tragen und deshalb ist es so absolut wichtig, dass ihr beachtet, was in euch abläuft, dass ihr euch selbst annehmt und liebt, so wie ihr gerade seid! Liebt eure Figur, die nicht perfekt sein muss! Liebt eure Alterserscheinungen, die viele sogar schöner machen! Ein erfüllter Mensch hat im Alter oft eine intensivere Ausstrahlung, als jemand der jung ist und in diesem Leben noch nicht so viele Erfahrungen sammeln durfte.

Geht liebevoll mit euch um, achtet auf eure Bedürfnisse und lasst euch nicht von der äußeren Hektik anstecken. Sorgt für euer inneres Gleichgewicht und nehmt eure Schöpfermacht an und setzt sie ein, um Harmonie, Freiheit, Lachen, Freude und Frieden auf diesen Planeten zu senden.

Die Veränderungen, die noch anstehen und von denen vielleicht der eine oder andere glaubt, sie seien doch nun langsam überfällig, auch diese Veränderungen werden noch kommen! Das versichern wir euch!

Manchmal dauert es eine gewisse Zeit, bis ihr euch selbst integriert habt in dieser neuen Energie.

Der nächste Schritt ist das Aussenden der Leichtigkeit, der Lebensfreude und des Lachens. Diese Energie bewirkt sehr, sehr viel! Ihr alle auf der Erde sitzt im selben Boot. Ihr alle habt in eurem Herzen dieselben Wünsche. Ihr alle möchtet geliebt werden, anerkannt und ein erfülltes Leben haben und das wird möglich! Glaubt daran! Glaubt an euch! Vernetzt euch untereinander und haltet miteinander Kontakt.

Ihr habt heute einen anderen Radius des Reisens und der Kommunikation untereinander. Das ist wichtig, um auf der Erde ein System zu erschaffen, was von Freiheit, Gleichberechtigung und gegenseitiger Achtung gekennzeichnet ist.

Seid geduldig und übt diese Energie der Leichtigkeit und der Freude in euch erschaffen zu lernen. Folgt eurer Spontaneität! Dieses Energiefeld geht über Ländergrenzen, es setzt sich fort und es wird letztendlich die Substanz sein, welche die Veränderungen ermöglicht. Glaubt an euch und glaubt, dass ihr als Schöpfergötter ungeheure Kräfte habt!

Viele Menschen erwachen durch leidvolle Erfahrungen

Jesus Sananda

Meine Lieben, manchmal, wenn ihr zu häufig aus euren Medien konsumiert, wenn ihr Nachrichten schaut und euch der Lage auf der Welt bewusst werdet, dann ist die Chance gegeben, dass ihr mit Angst darauf reagiert.

Wir möchten euch an etwas erinnern: Könnt ihr euch entsinnen, durch welche Ereignisse ihr persönlich wach gerüttelt wurdet? Was hat euch erweckt? Was hat euch geöffnet? Durch welche Ereignisse habt ihr begonnen, euch neue Fragen zu stellen? Was hat letztendlich dazu geführt, dass ihr gespürt habt, dass es da mehr gibt zwischen Himmel und Erde, als ihr mit euren physischen Augen wahrnehmen könnt?

Meine Lieben, eigenartiger Weise erwachen die meisten Menschen über das Leid! Leid ist der Träger, der euch dahin führt, dass ihr euch neue Fragen stellt! Aber vielleicht habt ihr in der Zwischenzeit vergessen, dass ihr selbst auch einmal durch unangenehme Ereignisse wach gerüttelt wurdet?
Jetzt seid ihr in einem Energiefeld, in der dieser Weckruf auf die breite Masse übergreift und es hat den Anschein, dass plötzlich das Chaos herrscht, dass plötzlich Politiker verrückt geworden sind und unsinnige Forderungen stellen. Das Militär reagiert mit Drohgebärden und Kämpfen und die Medien überschlagen sich mit Enthüllungen.
Meine Lieben, das ist das Erwachen der Masse! Bei vielen, die an vorderster Front in diesem Chaos sind, geht es wirklich darum, wach zu werden oder die Ebene zu wechseln. Für sie gibt es nur noch diese beiden Wege.

Eure Aufgabe ist es, die Balance und den Frieden in euch zu halten. Sorgt in euch für Stabilität, für Frieden, nehmt wahr, wie eure Wohnung ausgestattet ist. Konzentriert euch auf die Fülle, auf die Harmonie und die Leichtigkeit.

Aber wir sagen nicht, steckt euren Kopf in den Sand und missachtet das Weltgeschehen. Meine Lieben, ihr könnt euch gern beteiligen. Tauscht euch mit Freunden aus und gebt eure Erkenntnisse weiter. Bildet euch eure Meinung. Aber nutzt das Weltgeschehen nicht, um in Hysterie oder Trübsal zu gleiten! Denkt immer daran: Es ist eine Reinigung! Und sie ist notwendig!

Meine Lieben, wir wissen, dass es in dieser intensiven Phase der Veränderung nicht einfach ist, und ihr auch Angelegenheiten wiederholen dürft, von denen ihr geglaubt hattet, dass ihr sie schon vor langer Zeit bearbeitet habt. Manchmal gibt es da noch feinere Gespinste, die sich erst spät auflösen.

Aber ihr habt himmlische Unterstützung und diese dürft ihr in Anspruch nehmen. Manchmal bedarf es nur einer kleinen Drehung und Neuausrichtung, damit die Energie in eurem Inneren wieder frei fließen kann.

Lasst euch nicht anstecken von Leid, Mangel und Chaos. Richtet euch aus auf inneren Frieden, auf Harmonie, öffnet euch für eure göttliche Führung, traut eurer eigenen Inspiration und setzt das um, was euch wichtig ist. Habt Vertrauen in euch. Ihr wart unzählige Male auf der irdischen Ebene und glaubt ihr, dass eure Seele geplant hat, dass dieses Mal alles schief läuft, wo ihr doch so weit entwickelt seid? Mit Sicherheit nicht!

Meine Lieben, nehmt euch selbst an, so wie ihr seid, lasst den Frieden einziehen, ruft eure himmlische Unterstützung ab und seid zuversichtlich. Es stehen intensive Veränderungen an! Denn letztendlich, seid ihr irgendwann einmal auf die irdische Ebene gekommen, um diese Erde in ein Paradies für alle umzugestalten. Jede Katastrophe birgt einen positiven Effekt, schenkt euch eine Erkenntnis und eine Neuorientierung! Glaubt nicht, die Erde sei verloren! Sie durchläuft nur eine intensive Wandlung! Seid im Licht und himmlischem Segen!

Wohin geht die Europäische Union

Frage:
Könnt ihr etwas sagen über die Zukunft der Europäischen Union? Fällt die auseinander oder ist zu erwarten, dass die einzelnen Teilnehmerstaaten mehr zusammenwachsen und mehr aufeinander eingehen werden?

Konfuzius

Gut, das Bündnis der Staaten untereinander und ein vereintes Europa wird es mit hoher Wahrscheinlichkeit immer geben. Aber was sich verändern darf, das sind beispielsweise diese Währungsunion des Euros und die Machtausübung der Lobbyisten. Der Euro wurde mit zu viel Zeitdruck hingedealt und steht auf keinem guten Fundament. Und das ist für viele spürbar!

Die Freundschaft und die Kontakte, die ihr über Grenzen hinweg pflegt, die Reiseerleichterung und die Möglichkeit auch in einem anderen Land zu leben oder zu studieren, sind wertvoll. Der menschliche Austausch ist bereichernd auf allen Gebieten. Und ihr spürt sehr schnell, dass es überall in der EU Menschen gibt, die sich letztendlich ein ähnliches Leben wünschen. Alle Erdenbürger möchten glücklich sein, sich gesund ernähren, sie wünschen sich eine gute Bildung für ihre Kinder und einen Platz, an dem sie mit ihrer Familie leben können, eine Arbeit, die sie befriedigt und einen bestimmten Wohlstand, der ihnen zu reisen erlaubt oder Anschaffungen zu tätigen. Das sind die Wünsche, welche die Bürger der EU oder auch der Welt alle gemeinsam haben. Es sind keine unrealisierbaren Wünsche. Ihr möchtet im Frieden zusammenleben und einen bestimmten Wohlstand haben und der steht euch auch zu!

Kommen wir nun zu eurer übereilten Währungsunion:
Solange jedes Land eine eigene Währung hatte, gab es Umrechnungs-

kurse zwischen den Währungen. Ein Land mit einer hohen Produktivität besaß damit eine höhere Währung als ein Land, was nur wenige Produktionsstätten sein eigen nannte. Über den Umrechnungskurs wart ihr fähig miteinander Handel zu treiben, und er war euer Garant für innere Stabilität und angemessenen Wohlstand in der Bevölkerung!

Weitere Unterschiede gab und gibt es zum Beispiel beim Renteneintrittsalter, manche erreichen die Rente mit 55, andere mit 60 und die Betrogenen erst mit 67 Jahren. Desweiteren hat jeder EU-Bürger einen anderen Steuersatz, die einen zahlen 12%, die nächsten 15%, andere 23% und manche sogar 51%. Dasgleiche trifft auf die Industrie zu – manche zahlen eine hohe Steuer und andere entfliehen in eine Steueroase und zahlen daheim gar nichts. Die Gehälter und Löhne, könnten wir auch noch vergleichen oder die Lebenshaltungskosten, aber ihr wisst selbst um die Unterschiede!

Und nun kommen eure Politiker ins Spiel: Sie beschlossen, über die Unterschiede schauen wir jetzt mal großzügig hinweg und konzentrieren uns lieber auf die gemeinsame Währung! Alles andere wird sich schon ergeben!

Hättet ihr zuvor die Unterschiede angeglichen, einen Mittelwert genommen oder nur geringfügige Schwankungen zugelassen, dann hätten zumindest gleiche Bedingungen bestanden. Das bedeutet nicht, dass ihr dann heute keine Probleme hättet. Die Währung wäre trotzdem angeschlagen und auch das unterschiedliche Niveau der Produktivität würde weiter bestehen.

Hauptgrund euer Finanzprobleme ist das Zins- und Zinseszinssystem, was immer wieder alle fließenden Gelder an sich reißt. Es führt dazu, dass wenige unermesslich viel haben und etwa 90% der Bevölkerung immer ärmer und von sozialer Unsicherheit bedroht werden. Das wiederum lähmt den Handel und führt letztendlich in die wirtschaftliche Katastrophe.

Die Wahrscheinlichkeit ist groß, dass schon bald verschiedene Länder diese Währungsunion wieder verlassen. Und das könnte das Startsignal zu massiven Veränderungen sein. Europa geht daran nicht kaputt und auch die Menschheit wird es überstehen! Es ist nur Geld – ein ersetzbares Hilfsmittel.

Noch ein Wort zu den Lobbyisten: Das Europaparlament wird regelrecht überrannt von Großunternehmen und ihrem Wunsch nach mehr Macht und der Durchsetzung von zweifelhaften Techniken. Es ist absolut unverständlich, wieso harmlose Glühbirnen, die euch seit beinah 100 Jahren gute Dienste leisten und die Räume erhellen, vom Markt genommen werden. In Deutschland steht es mittlerweile unter Strafe, diese Glühbirnen zu verkaufen, wobei Einzelhändler kontrolliert und zur Kasse gebeten werden, falls sie diese Glühbirnen noch im Sortiment haben. Wohingegen die hochgiftigen Quecksilberbomben, die ihr ironischerweise Sparlampen nennt, obwohl sie den 10-fachen Preis kosten, weiter verkauft werden dürfen. Wenn sie zerbrechen, setzen sie Quecksilberdämpfe frei. Dieses Verhalten ist geradezu schizophren!
Wir verstehen durchaus, dass nicht jeder Abgeordnete technisch so gebildet ist, dass er in jedem Fall überschauen kann, was ihm da von den Lobbyisten als Verkaufswunsch untergeschoben wird. Schafft ein Gremium von unabhängigen, unbestechlichen Beratern, die wirklich das Wohl des Planeten und der Menschheit im Auge haben und nicht die Verkaufsinteressen der Großkonzerne.

Und solltet ihr euch entschließen, die Steueroasen tatsächlich anzugleichen, Gesetze der Fairness zu erlassen, nachhaltig zu wirtschaften und ein neues zinsloses Finanzsystem einzuführen, dann würde das für viele Menschen nicht nur eine große Erleichterung bedeuten, sondern auf der Erde noch nie dagewesenen Wohlstand ermöglichen. Aber diese Veränderungen fallen nicht vom Himmel! Ihr seid die Spieler!

In eurer Geschichte gab es große Reformer, zum Beispiel Mahatma Gandhi, Martin Luther King und Nelson Mandela, die euch vorgeführt haben, wie sich ungerechte Systeme durch friedlichen Widerstand auflösen lassen und letztendlich zu mehr Gerechtigkeit führten. Redet miteinander!

Angst vor Veränderungen

Konfuzius

Ihr **ALLE** tragt mit eurer Anwesenheit auf der Erde dazu bei, wie schnell Veränderungen kommen oder gegenteilig, wie langsam sie sich hinziehen. Wenn ihr euch fürchtet vor Veränderungen, dann sendet ihr aus – bitte langsamer - mir ist das Alte lieber! Erst wenn ihr spürt, dass es nicht mehr so weitergehen kann und feststellt, dass eure Nachbarn und Geschäftspartner genau dieselben Sorgen quälen, dann verlasst ihr die Opfermentalität. Euer Austausch führt zu der Erkenntnis: „Wir sitzen alle im selben Boot und dieses Boot hat ein ziemliches Leck!" Dann macht sich eine revolutionäre Stimmung breit und ihr sendet aus: „Wir sind das Volk und wir wollen Veränderungen!" Plötzlich geht es schneller. Trefft euch in Gruppen und sprecht offen und ehrlich miteinander. Es gibt eine große Anzahl Menschen, die heute Angst haben vor der Zukunft und diese Angst werdet ihr nicht los durch Ignoranz. Bildet Gesprächskreise, redet offen miteinander. Reißt euch an einem Abend der Woche von eurem Computerspiel los und trefft euch. Das Sprechen über eure Befürchtungen entlastet euch und macht euch offen für neue Ideen.

Da gibt es diejenigen, die hoffen: „Vielleicht geht das ja alles an mir vorbei und betrifft mich gar nicht!" Das ist so eine menschliche Eigenschaft, die verbreitet ist. Und dann gibt es die anderen, die glauben: „Da kommt sicher nichts Gutes nach!"
Solche Überzeugungen halten viele Menschen davon ab, sich wirklich zu öffnen und ehrlich über ihre Situation zu sprechen. Sie erzeugen eher still und heimlich ein Energiefeld der Angst, welches sich aussendet ins kollektive Bewusstsein und zeitverzögernd wirkt.
Manchmal ist eine Veränderung notwendig! Das ganze Leben besteht aus Veränderungen. Ihr habt eure Kindheit hinter euch gelassen, ihr

habt die Pubertät durchlaufen, euer Elternhaus verlassen, Ausbildungen gemacht, euer eigenes Leben aufgebaut und vielleicht mehrfach verändert.

Meine Lieben, das Sträuben gegen Veränderungen ringt euch einen großen energetischen Aufwand ab und versetzt euch häufig in persönliche Erfahrungen des Leides. Wenn ihr im Fluss seid mit eurem Leben, gehören Veränderungen einfach dazu!

Es kann leicht gehen oder schwer! Wobei das Energiefeld in euch darüber bestimmt, wie ihr es erlebt. Ihr erschafft euch eure Realität! Trefft euch in Gesprächsgruppen, seid offen und ehrlich, unterstützt euch gegenseitig und sprecht darüber, wie ihr diese Welt gerechter gestalten könnt! Diese Gespräche bringen euch soviel Energie der Freude und Begeisterung, dass die Angst aus eurem System verschwindet. Sucht gemeinsam nach Lösungen, lacht miteinander, meditiert gemeinsam und steht euch mit Rat und Tat zur Seite! Die himmlische Unterstützung ist euch gewiss! Seid gesegnet!

Der Kampf zwischen Licht und Dunkelheit

Frage:

Meister Konfuzius, ich habe eine Frage. Mir wurde vor zwei Tagen gesagt, dass der Dalai Lama dieses jetzige Zeitalter als eine dunkle Zeit bezeichnet. Es sei sogar die dunkelste Zeit, die es gibt. Was könnt ihr mir dazu sagen? Ich habe gedacht, wir kommen in eine bessere Zeit?

Konfuzius

Im Buddhismus gibt es den Begriff des Kaliyugas, womit ein Zeitalter der Dunkelheit und des Streites bezeichnet wird. Nach dem Kaliyuga folgt das goldene Zeitalter der Weisheit. Die Erde befindet sich jetzt in dem intensivsten Veränderungsprozess, der oft chaotische Züge hat. Durch die Erfindung des Computers und durch den weltweiten Datenaustausches im Netz seid ihr das erste Mal in der Lage, die gesamte Welt nachhaltig zum Positiven zu verändern. Nur geschieht das weder vollautomatisch noch über Nacht. Alle Ungerechtigkeiten kommen ans Licht und werden benannt. Aus unserer Sicht befindet ihr euch in einer Intensivreinigung.

Wenn ihr die Erde als Ganzes betrachtet, da gibt es viele Länder, die von demokratischen Verhältnissen weit entfernt sind. Für diese Regionen ist es fürwahr eine Zeit größter Herausforderung.

Ihr könnt sehen, wie dort, wo Ungerechtigkeit an der Tagesordnung ist, auf einmal die Menschen aufstehen und neue Forderungen stellen, und das ist auch häufig verbunden mit Energien des Hasses, die sich über Jahrzehnte angestaut haben. Es kommt zu Straßenschlachten und bürgerkriegsähnlichen Zuständen. Es ist der Zusammenbruch von Ungerechtigkeit und Diktatur! Aber es ist nur ein kleiner Teil der Bevölkerung, der hasserfüllt auf die Barrikaden geht und um die Häuser zieht. Die Masse der Bevölkerung zieht sich in ihre Wohnungen zurück, flieht aufs Land, rückt näher zusammen und betet gemeinsam. Sie bitten Gott oder Allah um Schutz für ihre halbwüchsigen Kinder, die irgendwo auf der Straße sind. Und das empfinden viele fürwahr als eine chaotische, katastrophale Zeit der Dunkelheit.

Wenn die Gegebenheiten in einem Land so sind, dass die Menschlichkeit auf allen Gebieten zu kurz kommt, dann sind massive Veränderungen notwendig. Diese geschehen jetzt, und sie sind im Endeffekt eine Bereicherung! Aber wenn das Volk mittendrin steckt in Straßenkämpfen, in Unsicherheit und nicht weiß, ob der Vater beim Bäcker an der Ecke noch Brot holen kann, ohne dabei erschossen zu werden, dann ist das eine sehr dunkle Zeit, die aber auch die Menschen einander näher bringt. Viele Gespräche finden statt. Die Männer diskutieren nächtelang über Politik, die Frauen organisieren Essen, was mit anderen geteilt wird. Es gibt viele spontane Aktionen, gemeinsames Beten und geteilte Trauer.
Die Veränderungsenergie ist dann mit Händen greifbar.
Aber es ist notwendig, und es wird letztendlich etwas Besseres aufgebaut, auch wenn das nicht über Nacht funktioniert.
In euren Regionen findet der Kampf zwischen den Gierigen und ihrem Hunger nach mehr und einer immer zahlreicher werdenden Bevölkerung der Geschröpften statt! Überall dort, wo schon Demokratie herrscht, verlaufen die Veränderungen weniger gewalttätig – dazu später.

Frage:
Das hat mich sehr berührt, was ihr geschildert habt, wie diese Veränderung von den Familien erlebt wird. In unseren Medien sieht man ja immer nur die Barrikaden und Schießereien, eben das, was in der Öffentlichkeit stattfindet. In vielen arabischen Ländern haben ja bereits Revolutionen stattgefunden, aber aus meiner Sicht war das nicht immer eine Verbesserung. Sie kommen einfach nicht zur Ruhe und sind von Gerechtigkeit und Frieden weit entfernt. Was ist der Grund dafür?

Konfuzius

Es gibt mehrere Gründe: Häufig putschen sich die an die Macht, die auf den Barrikaden gekämpft haben. Sie sind meistens hasserfüllt und die Chance, dass sie eine neue Diktatur aufbauen, ist aufgrund ihrer Mentalität gegeben. Sie erlassen häufig Gesetze, die eine Bevölkerungsgruppe benachteiligt – meistens den Volksstamm, der vorher die Regierung gestellt hat. Nur trifft diese Rache nicht nur die Mächtigen, sondern alle, die in irgendeiner Weise mit dieser Volksgruppe verbandelt sind. Hier bräuchten sie Nachhilfe in Sachen Demokratie! Zum anderen benötigen sie für den Aufbau einer funktionierenden Gesellschaft Geld. Da aber euer weltweites Finanzsystem am Zusammenbrechen ist, gibt es für viele Länder keine Kredite. Und Geldgeber vor Ort erkaufen sich damit Privilegien, die nicht der Bevölkerung dienen, sondern wieder einem auserwählten Kreis. Damit kommt keine Ruhe ins Land.

Die Bevölkerung merkt: Es hat sich nichts geändert und neue Unruhen entstehen. Es ist ein Kreislauf.

Wenn ihr dann noch so unverantwortlich seid, dass ihr in diese revolutionäre Energie Waffen liefert, kann es nicht besser werden! Es wird erst besser, wenn euer Finanzsystem ein anderes ist!

Migräne ist gebremste Aktivität

Frage:
Ich habe seit Jahren Migräne und in letzter Zeit wird sie immer schlimmer.

Jesus Sananda

Deine Seele ist mit dem Leben, was du derzeit führst, unzufrieden! Sie möchte, dass du dich selbst verwirklichst und das nicht nur in deiner Fantasie! Du blockierst dich selbst mit deinen Zweifeln, die dich immer wieder lähmen und zurückwerfen. Du verfügst über inneres Wissen, was brach liegt. Du hast Träume, was du gern tun möchtest, aber deine Migräne verschafft dir ein Alibi, um nicht aktiv zu werden. Im Moment dienst du deinem Ego und damit der Zurückhaltung und Angst vor Veränderung. Was macht dir Angst? Wovor möchten dich deine Zweifel schützen? Was möchtest du am allerliebsten tun und traust dich nicht?

Antwort:
Ja, das stimmt. Ich würde gerne mit Menschen arbeiten. Ich habe jede Menge Ausbildungen gemacht, aber ich setze einfach nichts um. Und der Druck in mir wird immer größer.

Jesus Sananda

Deine Seele ist unzufrieden mit den Herausforderungen deines Lebens. Sie möchte dem Alltagstrott entfliehen und etwas Sinnvolles tun, was dich wirklich erfüllt! Den Druck erzeugst du in deinem Kopf, indem du dir Bilder ausmalst, wie dein altes, gewohntes Leben außer Rand und Band gerät, und das wiederum spielt deinem inneren Zweifler zu. Die Migräne wird dann verschwinden, wenn du aktiv wirst!

Antwort:

Ja, das habe ich schon selbst beobachtet. Aber ich weiß nicht, wo ich an-
fangen soll. Ich habe auch Probleme in der Partnerschaft und spüre, dass
ich mich eigentlich trennen sollte. Wir leben nur noch nebeneinander her
und reden kaum, und wenn, dann über belanglose Dinge.

Jesus Sananda

Die Partnerschaft versorgt dich und für diese Bequemlichkeit, nimmst
du so manches in Kauf. Meine Liebe, dein Problem ist, dass du alles
auf einmal verändern möchtest. Das ist ein derartiger Berg, dass dich
schon die Grübelei darüber erschlägt. Das ist zu viel! Veränderung beginnt mit dem ersten Schritt! Schaffe einen Raum für das, was dir am
Herzen liegt. Das ist der wichtigste Schritt! Du fühlst dich im Moment
gefangen in einem Leben, in dem die Freude und Erfüllung abhanden
gekommen ist. Und diese Leere füllst du mit Analysieren der Hinder-
nisse, aber das bringt dich nicht weiter sondern begünstigt die
Migräne. Breche aus, aus dem Trott! Sobald du den Blickwinkel ver-
lagerst und über den „Tellerrand" deines Alltages hinwegschaust, ergeben sich plötzlich Möglichkeiten. Deine Seele möchte, dass du aktiv
wirst und eine Aufgabe erfüllst, die dir wirklich am Herzen liegt. Wie
könntest du deinen Wunsch, mit Menschen zu arbeiten umsetzen?

Antwort:

Wir haben ein Gästezimmer. In meinem Kopf habe ich es schon tausend-
mal umgestaltet als Therapieraum. Es hat einen separaten Eingang und
wäre ideal dafür geeignet. Nur manchmal denke ich, es wäre besser, wenn
ich an einem anderen Ort arbeiten würde?

Jesus Sananda

Meine Liebe, folge deinen inneren Impulsen und beginne im Gästezimmer. Du weißt, wenn du beginnst mit Menschen zu arbeiten, dann
wirst du nicht schlagartig reich. Du wirst vielleicht am Anfang nur
zwei oder drei Personen in der Woche haben, die deine Hilfe in

Anspruch nehmen. Wichtig ist nur, dass du aktiv wirst! Und sobald du das tust, was dir am Herzen liegt, hast du gar keine Zeit mehr für Migräne. Durch diese Tätigkeit wirst du glücklicher sein und das kann auch zu mehr Entspannung in deiner Partnerschaft führen, so dass vielleicht eine Trennung gar nicht mehr notwendig ist. Packe dein Leben an! Es möchte aktiv gelebt werden und nicht nur analysiert!

Antwort:
Danke! In mir drin habe ich es immer gewusst, dass es daran liegt.

Existenzangst - wie ihr sie erfolgreich beendet

Kuthumi

Um Existenzangst zu erzeugen, müsst ihr euch unheilvolle Visionen für die Zukunft ausmalen – anders ist es nicht erreichbar! Ihr benötigt also eine Bedrohung in der Zukunft, die euch anscheinend unmittelbar überrollt – wie eine Dampfwalze, die euren Weg blockiert.

Dabei ist es vollkommen zweitrangig, ob sie real ist oder nicht! Allein die Bilder in eurem Kopf erzeugen in euch Gefühle der Panik und Ungewissheit!

Erklären wir es an einem Beispiel:

Du bist selbstständig und deine Geschäfte laufen gerade schlecht – das Januar-/Februar-Loch lässt plötzlich alles stagnieren. Du verstehst nicht, wieso deine Einnahmen zurückgehen und bläst die Situation künstlich auf.

Mögliche Gedanken: „Wenn das so weitergeht, kann ich gleich zumachen! Alles wird immer schlechter!"

Dein Fokus richtet sich auf andere Geschäfte, die in der Vergangenheit in Konkurs gegangen sind. Du malst dir Bilder aus, wie du als Bittsteller zum Arbeitsamt oder Sozialamt kommst, oder wie du deinen Kunden mitteilst, dass dein Geschäft schließt. Damit fütterst du deine Panik!

Ein Teil von dir, der dieses Szenario verhindern möchte, wird in hektische Betriebsamkeit versetzt. Du kannst nachts nicht mehr schlafen und brütest über Abwehraktionen nach. In diesem geschwächten Zustand produzierst du Aktivitäten, die nicht aus deinem Herzen kommen. Die Angst hat sie konstruiert und damit werden sie auch nutzlos verpuffen.

Da sie nicht den gewünschten Erfolg bringen, bekommst du also auch von außen die Meldung: „Uninteressant! Das wollen wir nicht! Behalte deinen Kram!"

Das animiert dich deinen inneren Panikfilm um einige Horrorszenarien zu bereichern. Die Messlatte klettert weiter in Richtung Ruin!

Auf diese Weise erschafft ihr in euch Existenzängste! Ihr könntet das Ganze auch gelassener sehen: Im Weihnachtsgeschäft habt ihr gut verdient und im Januar-/Februar-Loch ist erfahrungsgemäß die Versicherungsindustrie dran. Weitaus sinnvoller wäre es, diese Zeit für kreative Möglichkeiten oder einen Urlaub zu nutzen. Bleibt in der Gelassenheit und seid euch gewiss, dass im März die Wende einsetzt! Vielleicht möchtet ihr in dieser Zeit der Ruhe etwas umgestalten? Genießt es kreativ zu sein! Ihr könnt diese Phase in lähmenden Existenzängsten verbringen oder mit Gelassenheit und Dankbarkeit für die Stille etwas Neues kreieren! Die Wahl liegt bei euch!

Wie ihr aus Existenzängsten herauskommt

Kuthumi
Angenommen, ihr habt das oben beschriebene Szenario durchgespielt und euch gerade in dieser Abwärtsschleife festgefahren. Welche Möglichkeiten gibt es, da wieder heraus zu kommen?

Der Weg aus der Existenzangst:

1. Werde dir der inneren Szenarien oder Fantasien bewusst, die in dir Panik auslösen!

2. Erschaffe dir einen Beruhigungssatz. Beispiel: „Spätestens im März läuft das Geschäft wieder! Ich genieße die Ruhe und nutze die Zeit für etwas Sinnvolles!" (Passt diesen Satz an eure persönliche Situation an!)

Mit den beiden ersten Schritten könnt ihr die Panik eindämmen und mindern, aber ein Mensch, der sein Leben bewusst gestalten möchte, könnte noch mehr tun. Die Dankbarkeit für den gegenwärtigen Zustand eures Lebens macht euch magnetisch. Wenn ihr mit Anerkennung und Stolz wahrnehmen könnt, was ihr euch alles erschaffen habt, erreicht ihr eine Stimmung der Freude. Und diese Freude wirkt korrigierend.

Versteht es nicht falsch: Das ist keine Rezeptur zum Verhindern des Januar-Februar-Lochs. Es ist eine Tatsache, dass ein großer Teil der Bevölkerung in dieser Zeit andere Rechnungen bezahlt! Das, was ihr korrigieren könnt, ist eure Panik und der Umgang mit der Situation! Und wenn ihr in Gelassenheit bleibt, freut ihr euch auf die Zeit der Stille und habt vielleicht einen Plan, was ihr dann Kreatives tun möchtet.

Mit der Freude und Dankbarkeit in eurem Herzen werdet ihr die Ecken und Kanten erfolgreich umschiffen, und das wiederum wirkt magisch auf euren Wohlstand. Das „Loch" ist dann weniger tief!

Wie erschafft ihr nun diesen Zustand der Magie?

3. Für was in deinem Leben bist du dankbar?

   Schaue dich in deiner Wohnung und in deinem Geschäft um! Wofür bist du dankbar? Gehe durch die Räume und zähle bewusst auf, für welche Gegenstände und Errungenschaften deines Lebens du Dankbarkeit empfindest. Zähle das Sichtbare auf, aber auch das nicht Materielle. Beispiel: „Ich bin dankbar, dass dieser tolle Schrank in meiner Wohnung steht!" „Ich bin dankbar, dass ich durch meine Selbstständigkeit die Zeit frei einteilen kann!" „Ich bin dankbar für den Erfolg meines …!"

   Wenn du das erste Mal diese Dankbarkeitsübung machst, ist es möglicherweise nur eine Übung für deinen Verstand, aber du solltest sie so verinnerlichen, dass du die Dankbarkeit in deinem Herzen fühlen kannst. Erst wenn es ein wahrnehmbares Herzensgefühl ist, greift die schöpferische Korrektur!

Mache die Dankbarkeitsübung mindestens drei Mal am Tag! Morgens, wenn du im Bett erwachst, ist der wichtigste Zeitpunkt, weil du damit die Energie festlegst, mit der du den Tag verbringst. Eine weitere Möglichkeit wäre am Mittag oder nach Feierabend und dann noch einmal, wenn du abends ins Bett gehst. Das wiederum hat Auswirkungen auf deine Zukunft! Du materialisierst dein Leben auf der Traumebene.

Die Wirksamkeit von Bestellungen hängt entschieden davon ab, ob ihr die Dankbarkeit wirklich im Herzen spüren könnt! Euer Kopf – das Ego ist stolz auf Anschaffungen und Besitztümer! Aber Stolz ist keine Herzensenergie!

Die Dankbarkeit, aus der die magische Anziehung entspringt, ist ein Gefühl des Herzens. Erinnert euch an die Dankbarkeit in eurem Herzen, als ihr die vollzähligen Finger und Zehen eures frischgeborenen Kindes betrachtet habt – das ist das Gefühl, von dem wir hier sprechen!

Zeitebenen und der Einfluss des Hunderjährigen Kalenders

Kuthumi

Wir hatten euch berichtet, dass euer Planet über Zeitebenen verfügt. Darüber hinaus gibt es im jenseitigen Bereich das Hologrammkino, welches der Auswahl eurer nächsten Inkarnation dient. Dort wählt ihr als erstes Zeit und Ort!

Wenn ihr das auf der irdischen Ebene lest, denkt ihr vielleicht: „Was für ein Schwachsinn: Florenz 1750 – das ist doch längst vorüber!"

Für euch, ja! Aber die Erde besitzt mehr als eine Zeitbahn. Ein Planet, der einen Vertrag mit der göttlichen Quelle eingeht, verfügt über viele Ebenen, Räume oder Zeitbahnen. Das bedeutet, ihr könnt vorwärts und rückwärts, zeitlich gesehen, inkarnieren. Nur wenn ihr einen physischen Körper habt, der sich in einer Zeitbahn befindet, werden die Filter eurer Sinnesorgane sich dort einpendeln, wo ihr euch aufhaltet. Alles andere blendet ihr für gewöhnlich aus!

Auch die Geistwesen der Verstorbenen, die sich verabschieden oder euer Hohes Selbst und Engel, die an eurer Seite stehen, nehmen im allgemeinen nur Kleinkinder wahr! Ihr seht solche Vorkommnisse nur, wenn ihr kurz vor dem Einschlafen seid, da öffnet sich bei einigen ein Fenster, was eine solche Begegnung möglich macht.

Aber kommen wir zurück zu den Zeitbahnen: Es gibt also viele „Erden", auf denen gerade unterschiedliche Zeiten stattfinden, sie sind fast beinahe alle bevölkert und haben einen zeitlichen Abstand von etwa 100 Jahren. Da gibt es also eine Realität, die das Jahr 2015 spielt, auf einer anderen findet gerade 1915 statt oder 1615 oder 2115, um ein Bild zu schaffen, was für euch verständlich ist.

Jeder von euch hat schon einmal vom Hundertjährigen Kalender gehört. Eure Bauern ziehen ihn zu Rate bei der Wetterprognose, und es gibt so etwas wie ein Wiederholungsphänomen von intensiven Ereignissen, was wir gerne etwas näher beleuchten würden, weil ihr dadurch möglicherweise die aktuelle Situation besser versteht. Nur laufen die Ereignisse nicht identisch ab, sondern in abgeschwächter Form.

Außerdem sind es nicht exakt 100 Jahre, sondern es fehlen einige Monate. Hier zwei Beispiele für dieses Wiederholungsphänomen: Der Luxusliner „Titanic" sankt am 14. April 1912, das war damals eine große Katastrophe. Springen wir zeitlich gesehen nach vorn: Am 13. Januar 2012 verunglückte das Kreuzfahrtschiff „Costa Concordia", bis auf wenige Passagiere wurden beinahe alle gerettet. Nehmen wir ein anderes Beispiel: Die Ukrainekrise spitzte sich im Mai 2014 zu und der 1. Weltkrieg formierte sich Anfang August 1914 und zog Europa und die Welt in ein fünfjähriges unvorstellbares Leid.

Uns ist durchaus bewusst, dass diese Vergleiche nicht perfekt sind! Jede Zeitebene und parallel eure Vorwärtsentwicklung bringen in diese Abläufe sehr viel Veränderungsenergie, so dass diese Wiederholungsphänomene keine exakten Zeit- und Ortsangaben zulassen. Aber es ist uns dennoch ein Bedürfnis euch über die Zeitebenen und ihren zeitlichen Abstand zu informieren. Ereignisse wiederholen sich, aber ihr habt Einfluss auf die Intensität und Dauer derselben.

Jetzt ist die Zeit der intensiven Veränderung. Die Versäumnisse der Vergangenheit zeigen sich unmissverständlich! So wie jeder Einzelne persönliche Angelegenheiten, die er verdrängt hat, noch einmal vorgehalten bekommt, mit der Aufforderung es jetzt zu klären, geschieht es auch im kollektiven Bewusstsein und damit zwischen den Ländern. Die Konflikte, die jetzt aufkochen, sind Hinweise auf alte Versäumnisse oder altbackene Vorgehensweisen, die ihr überdenken dürft! Und ihr seid so weit entwickelt, dass ihr sie friedlich lösen könnt.

Frage:
Wenn ich jetzt an dieses Wiederholungsphänomen denke, dann tobte vor 100 Jahren der 1. Weltkrieg. Wie wahrscheinlich ist es, dass es in Europa friedlich bleibt?

Kuthumi

Sehr wahrscheinlich! Europa war Hauptschauplatz von zwei Weltkriegen und damit ist eine Abscheu vor Kriegen im kollektiven Bewusstsein verankert. Die Bevölkerung hat aus der Vergangenheit gelernt und ist nicht bereit für irgendwelche militärischen Abenteuer. Bekundet euren Friedenswillen und drängt auf diplomatische Lösungen. Die Situation ist heute ganz anders, aber ihr dürft euch für wirkliche Abrüstungen einsetzen und Kriegstreiber absetzen. Es geht um Gerechtigkeit! Hinterfragt die Konflikte und überprüft angebliche Beweise, die das Ziel haben euch zu Handlungen zu drängen, genau! Auch solltet ihr euch fragen, wie sinnvoll in der heutigen Zeit militärische Bündnisse sind? Welchen Nutzen habt ihr davon und welche Pflichten erwachsen euch daraus? Wer befiehlt über die NATO?

Findet sinnvolle Beschäftigungen für das Militär. Achtet das Hoheitsgebiet anderer Länder. Setzt euch für politische Neutralität ein. Und überlegt euch, welche Alternative es für Waffenhersteller gäbe! Es gibt auch zivile Güter, die sie produzieren könnten.

Das, was da vor euch liegt, sind gewaltige Aufgaben und große Veränderungen! Jeder von euch geht zur Wahl und ist in der Lage Petitionen zu unterschreiben! Sorgt darüber hinaus für den Frieden in euren Herzen!

Der Unterschied zwischen dem Felsbrocken und einem Ball

Konfuzius

Meine Lieben, manchmal fragt ihr euch, warum euer Leben nicht leichter veränderbar ist? Ihr wünscht euch Veränderung auf irgendeinem Gebiet. Ihr möchtet gerne ein anderes Leben oder eine andere Lebensaufgabe erfüllen, weil euch die derzeitigen Umstände nicht so recht erfreuen. Ihr wünscht euch also eine Umgestaltung!

Und häufig macht ihr die Erfahrung, dass es beim bloßen Wunsch bleibt. Ihr könntet das Gefühl bekommen, eure Füße seien festgeklebt oder ein unsichtbares Gummiband lässt euch immer wieder zurückschnallen in die ungeliebte Situation.

Meine Lieben, es ist die Leichtigkeit in euch, die Veränderungsenergie produziert. Wenn ihr schwer seid und niedergedrückt von euren Sorgen, dann seid ihr ungefähr so beweglich wie ein Felsbrocken, der sich in der Landschaft niedergelassen hat. Vielleicht ist er nicht so recht glücklich mit seinem Platz, aber zu schwer, um sich aus eigener Kraft fortzubewegen. Um ihn zu transportieren, benötigt es gewaltige Erschütterungen.

Kehren wir nun zu der Energie in euch zurück: Wenn ihr in eurem Kopf Schwere erzeugt, so nach dem Motto: „Ich kann ja doch nichts verändern! Meine Situation ist verfahren. Mein Leben macht mir keine Freude. Ich muss es irgendwie ertragen!" dann gleitet ihr in dieses Gefühl, dass ihr Klebstoff an den Füßen habt oder das Gummiband euch zurückschnallen lässt. Ihr bleibt in der alten Situation!

Meine Lieben, wenn ihr leicht seid, schwerelos, fröhlich, glücklich, wenn ihr euch ausrichtet auf die positiven Dinge wie Freude, Lachen, Begeisterung, dann spürt ihr rasch, wie sich diese Energie der Schwere auflöst und durch Leichtigkeit ersetzt wird. Das ist eure Schöpfermacht! Und dann wird dieser Felsbrocken in euch locker und beweglich wie ein Ball.

Es ist der innere Zustand in euch, der darüber entscheidet, ob ihr fähig seid eure Wünsche zu realisieren oder nicht. Achtet auf eure Grundeinstellung, die ihr täglich neu in euch erschafft. Das ist wichtig!

Fragt euch in eurem Alltag: „Was würde mir jetzt Freude bereiten?" Lockert euer Pflichtprogramm auf. Manchmal ist es erschreckend zuzuschauen, mit wie viel roboterhafter Ergebenheit ihr euer Leben gestaltet. Euer Pflichtprogramm lässt euch mit Scheuklappen durchs Leben eilen. Ihr blendet Möglichkeiten aus und folgt wie ferngesteuert dem, was ihr erfüllen müsst. Seid ihr glücklich dabei?

Nehmt euch Zeit für euch selbst, genießt die Sonne, die Genüsse und Annehmlichkeiten des Lebens! Trefft euch mit Freunden, besucht Vergnügungsparks, geht Kaffeetrinken, lasst euch von Konzerten bezaubern. Genießt es auf der Welt zu sein und mit Spontaneität euer Leben zu gestalten. Verschrottet euren „inneren Roboter" und gebt dem „Felsblock" einen Tritt! Das wäre für die Umgestaltung eures Lebens sehr förderlich. Seid gesegnet!

Schutzengel und wie man sie wahrnimmt

Konfuzius

Meine Lieben, jeder Mensch hat eine Seele und ist ein geistiges Wesen. Und vor allen Dingen zu Beginn einer jeden Inkarnation seid ihr noch sehr verbunden mit eurer geistigen Heimat.

Ihr könnt das beobachten bei Kleinkindern. Da ist es häufig so, dass sie deutlich zeigen, dass sie sich mit jemandem unterhalten, der für euch unsichtbar ist. Sie bringen Töne aus der Lichtsprache hervor, die ihr vielleicht für kindliches Geplapper haltet und dann geht es langsam über in die irdische Sprache, die in diesem Leben gerade dran ist. Kleinkinder bekommen häufig Besuch aus dem feinstofflichen Bereich. Das bedeutet nicht, dass ihr keinen Besuch bekommt, aber kleine Kinder reagieren am deutlichsten darauf. Sie unterhalten sich dann mit ihrem Hohen Selbst, mit Schutzengeln oder Freunden aus dem jenseitigen Bereich. Dieser Schutzengel kann das inkarnierte Kind ansprechen oder auch die Seele des Kindes. Und viele kleine Kinder erinnern sich auch an frühere Inkarnationen.

Wenn sie zu sprechen beginnen, erzählen sie euch manchmal merkwürdige Dinge, zum Beispiel: „Früher, als ich Bauer war und den roten Traktor hatte, da ist die Kuh in den Bach gefallen …", und es folgt eine Geschichte. Und ihr glaubt dann, dieses Kind habe eine blühende Phantasie und die Erwachsenen lachen darüber. In Wirklichkeit erzählt es Begebenheiten aus einer früheren Inkarnation.

Meine Lieben, und ihr könnt auch beobachten, wenn sich ein Kind beispielsweise mit der geistigen Welt unterhält. Das geschieht häufig, wenn es bastelt, malt oder allein spielt, dann spricht es plötzlich mit jemandem und erklärt sein Bild oder führt das Spielzeug vor.

Bis zu einem gewissen Alter, meistens bis zu 3 oder 4 Jahren sehen Kinder ihre geistigen Begleiter. Da kommt irgendjemand aus dem feinstofflichen Bereich und dieser Besucher, der da kommt, hat Sonnenstrahlen um seinen Kopf herum. Die Irdischen haben keine Sonnenstrahlen sondern normale Köpfe. Das Kind merkt den Unterschied. Und später zwischen 4 und 6 Jahren entwickelt sich dieses Sehen in den feinstofflichen Bereich zurück.

Die Besuche finden aber weiterhin statt und auch, wenn das Kind das Hohe Selbst dann nicht mehr sieht, wird es weiter vorbeikommen und mit ihm sprechen. Es antwortet auch auf die vertraute Stimme, die jetzt keinen sichtbaren Körper mehr hat. Auf diese Art und Weise rutscht das feinstoffliche Sehen ins Unbewusste.

Ihr alle habt in dieser Kleinkindphase euer Hohes Selbst oder euren Schutzengel gesehen und habt euch ganz normal mit ihnen unterhalten.

Jetzt habt ihr eine lange Lebensphase hinter euch gebracht und es gibt auch Menschen, denen es schwer fällt, überhaupt an eine geistige Welt zu glauben. Aber ihr bekommt heute noch Besuch aus eurer geistigen Heimat und manchmal antwortet ihr noch immer vollautomatisch auf eine Frage von eurem Hohen Selbst.

Das könnte so ablaufen:

Es ist Abend, irgendwo im Raum knackt es, ein Lichtwesen steht genau neben euch und fragt: „Hast du deine Schwester angerufen?"

Dieser Satz ist in Form eines Gedankens in eurem Kopf – natürlich denkt ihr sofort, ihr hättet euch diese Frage selbst gestellt. Und ihr antwortet gedanklich darauf: „Ich hab es vergessen und als ich vorhin daran gedacht habe, war es schon zu spät! Sie geht ja immer früh ins Bett. Ich werde sie morgen anrufen!"

Das Lichtwesen fragt: „Wie wirst du sicherstellen, dass du daran denkst?" Ihr antwortet ganz selbstverständlich: „Ich schreibe mir einen Zettel!" greift nach Block und Stift und macht euch eine Notiz.

So finden Unterhaltungen mit eurem Hohen Selbst statt und ihr kennt sie alle! Nur nennt ihr sie heute Selbstgespräche.

Frage:
Das finde ich Klasse! Kann man es irgendwie bewusst nutzen?

Konfuzius
Ja, natürlich. Spielt damit. Am besten funktioniert es, wenn ihr euch nicht anstrengt. Redet ein bisschen über das, was euch gerade Sorgen bereitet und bittet um Klärung derselben. Nur solltet ihr euch dann nicht unter Druck setzen, um sofort eine Antwort zu erhalten. Vielleicht dürft ihr darüber schlafen und am nächsten Tag ist plötzlich eine Lösung da. Probiert es aus!

Frage:
Ich sehe manchmal so blaue Lichtpunkte. Was bedeutet das?

Konfuzius
Du nimmst auf diese Art und Weise feinstoffliche Wesen wahr. Die Lichter können blau sein, gelb sein, grün sein, weiß oder rot. Du bist umgeben von deinem göttlichen Hohen Selbst und zuweilen auch von Begleitern aus dem feinstofflichen Bereich.
Wenn ihr in einem menschlichen Körper steckt, ist es für euch am leichtesten den göttlichen Funken von nichtmateriellen Seelen zu sehen.
Manchmal ist es so, da liegt ihr am Wochenende morgens im Bett, streckt euch wohlig, schaut hoch zur weißen Decke und denkt gerade über eure Träume nach und plötzlich blinkt da oben etwas. Das könnte ein blauer Blinker sein, ein gelber oder auch ein weißer. Da ist ein kleiner Punkt, ungefähr so groß wie eine Linse oder noch kleiner, der aufblinkt. Auf diese Art und Weise nehmt ihr feinstoffliche Wesen wahr! In dem Moment wisst ihr, in eurem Zimmer ist gerade ein Engel, ein geistiger Begleiter oder euer göttliches Hohes Selbst oder

jemand, den ihr ganz einfach kennt aus dem jenseitigen Bereich. Dieses Blinken ist auf jeden Fall ein Gruß aus der feinstofflichen Welt!

Frage:
Könnte mein Hohes Selbst auch aktiv in mein Leben eingreifen, falls ich in einer Gefahr wäre? Und wenn ja, wie macht es das?

Kuthumi
Ja, allerdings habt ihr einen freien Willen und eurer Hohes Selbst würde nur eingreifen, wenn Lebensgefahr besteht oder ihr Opfer eines gewaltsamen Übergriffes werden könntet. Dann wird es euch beschützen!
Gut, kreieren wir dafür ein Beispiel:
In eurer schnelllebigen Zeit gibt es auch Personen, die sich vorzeitig von der Erde verabschieden möchten und dafür wählen sie sich manchmal sogenannte Massenunfälle. Angenommen, es ist vorgesehen, dass ein Zug entgleist, in dem sich Menschen verabredet haben in der Absicht, die Ebene zu wechseln. Sie spüren unbewusst, es hat keinen Sinn mehr hier zu bleiben. Ihr plant euer Leben nachts im Traum im feinstofflichen Bereich vor und wenn eine bestimmte Anzahl Seelen die Absicht haben nach Hause zu gehen, dann wird ein Ereignis ausgeschrieben, bei dem Menschen zu Tode kommen können. Seelen, die sagen: „Ich möchte unter allen Umständen hier weg! Ich möchte diese irdische Ebene verlassen. Es macht mir keinen Spaß mehr hier zu sein!" werden erst auf der Traumebene beraten, wie es möglich ist, wieder neuen Lebensmut zu schöpfen. Wenn sie aber lange genug hartnäckig bleiben, verabreden sie sich dann in solchen Projekten, wo ein Unfall stattfindet und sie die Ebene wechseln können.

Wir haben also einen Zug, der an einer geeigneten Stelle der Strecke entgleisen wird und diese Aktion ist vorab im feinstofflichen Bereich bekannt. Magisch angezogen wird der Zug von Seelen, die ihr Leben beenden möchten. Aber es gibt auch ganz normale Passagiere, die diesen Zug nehmen. Und dann tritt euer göttliches Hohes Selbst mit einem ganzen Stab von Mitarbeitern in Aktion und wird alles tun, damit ihr den Zug verpasst.

Oder ihr steigt in diesen Zug ein, sucht euch einen Platz und plötzlich werdet ihr müde und träge und nickt ein. Euer Hohes Selbst setzt dann einen Impuls mit der Information: „Du hast die Haltestelle verpasst! Steige sofort aus!" Du erwachst erschrocken, merkst, dass der Zug bremst. Es ist die letzte Station vor dem Unfall, doch das weißt du nicht! Du möchtest dich orientieren, wie lange du geschlafen hast und suchst nach Anzeichen, wo du dich befindest? Du siehst ein falsches Ortsschild, welches dir vorgaukelt, du seist am Ziel. Du springst auf, nimmst dein Gepäck, stürzt aus dem Zug. Auf dem Bahnsteig mit vielen anderen denkst du vielleicht in diesem Moment: „Gott sei Dank, ich habe es gerade noch geschafft. Fast hätte ich es verpasst auszusteigen!" Dann später, wenn der Zug abgefahren ist, liest du noch einmal das Ortsschild. Und entdeckst, dass du falsch ausgestiegen bist. Auf diese Weise beschützt dich dein Hohes Selbst und zuweilen bist du eher ärgerlich darüber, als dankbar.

Meine Lieben, ihr alle seid auf der irdischen Ebene und ihr alle lebt euer Leben. Achtet auf eure Balance! Manchmal erregt ihr euch über Kleinigkeiten und nährt Stimmungen der Verzweiflung oder der Wut. Aber ihr seid hier, um das Leben aller freudvoller, gleichberechtigter und schöner zu gestalten! Und der Anfang dafür beginnt bei euch selbst!

Lebenslust und Todessehnsucht

Frage:

Mich würde sehr interessieren, wie das Problem des demographischen Wandels in den Griff zu bekommen ist oder wie das gelöst wird. Die Menschen werden sehr, sehr alt und in Folge dessen auch sehr krank und können oft nicht ins Jenseits überwechseln. Wie wird das in Zukunft sein?

Kuthumi

Gut, meine Liebe, die Generation, die heute alt ist und an der Schwelle des Todes steht, von der gibt es eine größere Anzahl, die nicht wirklich an ein Jenseits oder eine Seele glaubt. Die jetzt alten Menschen waren häufig noch am Anfang ihres Lebens mit Karma konfrontiert und dadurch bedingt ist es für sie schwer sich zu öffnen. Wer einen Krieg erlebt hat, ist häufig fest überzeugt, dass Gott nicht existiert! Es gibt Sterbende, die am Kämpfen sind und sich an das Leben klammern. Sie haben dafür zwei Gründe: Das eine ist die Angst sich vollkommen aufzulösen und für immer zu vergehen. Die andere Angst ist die, dass sie für irgendeine Untat bestraft werden, dass sie in die Hölle kommen, ins Fegefeuer oder an ähnlich bedrückende Orte. Das ist momentan noch recht ausgeprägt bei der älteren Generation.

Auch spiegeln eure Statistiken, die besagen, dass ihr immer älter werdet das Bild, was euch vermittelt werden soll von den Krankenkassen oder vergleichbaren Nutznießern. Aus unserer Sicht stimmt es nur bedingt, da es auch eine große Anzahl Menschen gibt, die zu einem früheren Zeitpunkt sterben und von dieser Statistik nicht erfasst werden.
Wenn eure Regierung euch vermitteln möchte, dass ihre Bürgerversorgung einfach genial ist, dann beauftragen sie ein Institut mit einer Statistik, die zum Beispiel die Langlebigkeit der Menschen widerspiegeln soll. Was der Regierung wiederum dient, um beispielsweise das

Renteneintrittsalter zu erhöhen, denn wenn ihr im Durchschnitt 93 Jahre werdet, könnt ihr auch bis 70 arbeiten.

Das Institut wird sich nun bemühen, die gewünschte Studie mit Zahlen zu belegen und um dieses Ziel zu erreichen, streichen sie einfach alle weg, die das Erwachsenenalter nicht erreicht haben oder bei einem Verkehrsunfall ums Leben gekommen sind. Sollte das noch nicht ausreichen, kann man noch Patienten mit einer tödlichen Krankheit ausklammern, alle Selbstmörder oder Menschen mit Herzproblemen. Auf diese Weise ergibt sich dann ein Durchschnittsalter von 93 Jahren und alle sind froh und zufrieden!

Kommen wir nun zu der Pflege alter Menschen: Die Tendenz wird in der Zukunft wieder in die Richtung gehen, dass innerhalb der Familie Menschen betreut werden. Pflegeheime sind heute ein gutes Geschäftsmodell, was ordentlich Geld abwirft. Da gibt es Plätze, die monatlich bis zu 5000 € und mehr kosten. Das Personal ist drastisch unterbezahlt und arbeitet im Akkord. Liebevolle Zuwendung sieht anders aus! Aber nicht alle Heime fallen unter diese Kategorie.

Das Ausnutzen von Personal ist eine typische Erscheinung der Zeit, in der ihr euch noch euren Lebensunterhalt verdienen müsst und in der die Finanzkrise so weit fortgeschritten ist. Vor Jahrzehnten war es üblich, dass alte Menschen innerhalb der Familie betreut wurden. Heute habt ihr vor lauter Geld verdienen und Pflichten erfüllen, keine Zeit mehr dafür und bringt die alten Menschen in ein Heim, weil die Pflege neben eurer Arbeit zu anstrengend ist.

Euer System ist aus dem Gleichgewicht geraten! Es kann nicht angehen, dass die Pflege einer Einzelperson im Heim mehr kostet, als ihr im Monat für eure Arbeit verdient. Wenn die Lebensbedingungen schlechter werden, verändert sich automatisch auch die Lebenszeit – sie wird kürzer. Im Klartext heißt das: Ihr sterbt früher, wenn die Lebensfreude abhanden kommt! Eure Statistiken spiegeln euch ein frisiertes Bild. Der demographische Wandel findet nicht so statt wie er euch vermittelt wird.

Auch verändert sich die Bewusstheit beim Sterben. Ein alter Mensch bekommt von seiner Seele ein Signal, was ihm sinngemäß sagt: „Du hast deinen Lebensplan erfüllt! Regele deine Angelegenheiten und kehre heim, wenn du möchtest!" Viele erfassen das, mehr oder weniger bewusst und handeln danach. In Zukunft wird es Generationen geben, die weniger Angst vorm Sterben haben. Und das wiederum leert eure Pflegeheime! Es wird die Zeit kommen, wo einzelne ganz bewusst hinübergehen und zuvor noch ein Abschiedsfest feiern, um sich von ihren Angehörigen zu verabschieden. Dann legen sie sich abends ins Bett und wechseln beim Einschlafen die Ebene. Das geht ganz leicht und mühelos und bedarf lediglich des eigenen Willens und einer bestimmten Bewusstheit.

Kuthumi
Geliebte Schülerinnen und Schüler des Lichtes, es ist uns ein Bedürfnis euer Augenmerk auf die **Lebensqualität** zu lenken.
Eure Wissenschaftler haben zum Beispiel vor einiger Zeit die Entdeckung gemacht, dass Aluminium gesundheitsschädlich ist. Da gibt es Studien, die sinngemäß belegen, dass Alzheimer etwas mit Aluminium und Aluminiumdämpfen zu tun hat.
Meine Lieben, wir möchten gerne etwas dazu sagen: Ihr habt überall auf eurem Planeten die Möglichkeit, mit schädlichen Stoffen in Kontakt zu kommen. Es ist auch nicht sinnvoll, ohne Schutz in der Aluminiumproduktion zu arbeiten und es ist nicht vorteilhaft, Essen aus einer Aluminiumverpackung, die in der Mikrowelle erhitzt wurde, über Jahrzehnte zu euch zu nehmen. Das ist auf Dauer gesehen nicht gerade förderlich. Aber es gibt noch einen anderen Punkt, dem bei diesen Studien wenig Beachtung geschenkt wird.
Und zwar eure Lebensfreude! Es ist dieser Teil in euch, der darüber entscheidet: Möchte ich leben? Lebe ich gern? Macht es mir Freude auf diesem Planeten zu sein oder nicht?
Es gibt in euch eine innere Instanz, die sinngemäß darüber entscheidet, nutze ich die Angebote der vorhandenen Gifte, Bakterien und

Viren, die um mich herum zur Verfügung stehen, um krank zu werden und diesen Planeten früher zu verlassen, oder nutze ich sie nicht? Eure Seele legt entschieden mehr Wert auf Qualität als Quantität! Ihr ist es ein Bedürfnis zu reifen, Erfahrungen zu sammeln und glücklich zu sein!

Ebenso ist es wichtig, was ihr denkt und welche Überzeugungen ihr pflegt! Wenn ihr glaubt, dass es eine Menge Lebensmittel gibt, die euch schaden, dann erschafft ihr eine Überzeugung der Gefahr und öffnet gleichzeitig ein Tor. Dieser Zugang ist bei einem glücklichen Menschen nicht vorhanden. Ihr sagt dann sinngemäß: „Alles, was ich zu mir nehme, schadet mir!"

Und eure Schöpfermacht bewirkt, dass es genauso kommt. Vielleicht fühlt sich euer Magen so an, als habe er Steine anstatt Essen bekommen? So könnten eure Überzeugungen wirken.

Es gibt also eine Instanz in euch, die darüber entscheidet, ob etwas für euch schädlich ist oder ob es euer Körper verarbeitet!

Meine Lieben, was wir euch damit sagen möchten, ist folgendes: Beobachtet euch selbst und schaut euch an, mit welcher Freude und Begeisterung ihr lebt!

Habt ihr Ziele? Ist es euch wichtig hier zu sein? Oder seid ihr eher frustriert, ödet euch das Leben, was ihr euch selbst erschaffen habt, an?

Wir beobachten, dass viele Menschen nicht glücklich sind und eher Anzeichen von Überdruss und Lebensmüdigkeit ausstrahlen.

Ihr seid in einer sehr hohen Schwingung und damit beschleunigt sich eure Gedankenkraft. Und aus diesem Grund ist es wichtig, dass ihr eure Gedanken beobachtet! Geht in die Selbstverantwortung! Es ist keineswegs egal, in welche Stimmung ihr euch am Morgen versetzt.

Meine Lieben, beobachtet euch und wir versichern euch, ihr könnt jede anscheinend ausweglose Situation, in der ihr steckt, auch verändern! Nur ist es dafür notwendig, dass ihr euren Willen aktiviert! Manchmal seid ihr so fokussiert auf ein Problem, dass ihr sämtliche Möglichkeiten der Lösung erfolgreich ausblendet.

Meine Lieben, ihr werdet nicht zufällig von niederschmetternden Gefühlen angesprungen! Geht in die Selbstbeobachtung und übernehmt die Verantwortung für euer Leben und eure Gedanken! Beobachtet eure Beweggründe, warum ihr etwas tut und welche Erwartungen ihr habt. Lernt neben euch zu treten und euch zuzuschauen, dann bekommt ihr einen viel besseren Überblick über euer Sein und eure Seele.

Frage:
Ihr habt vorhin gesagt, wenn die Lebensfreude abhanden kommt, sterben wir früher. Man hört auch immer wieder von Menschen, die Selbstmord begehen. Könnt ihr das genauer erklären?

Konfuzius
Es gibt eine breite Masse der Menschheit, die spürt: Wir sitzen alle im gleichen Boot und haben dieselben Bedürfnisse. Jeder Mensch sehnt sich nach Anerkennung, Liebe, Frieden, innerem Glück, Wohlstand und Geborgenheit. Das sind menschliche Attribute – Sehnsüchte - die ihr alle in euch tragt aus der geistigen Welt. Wenn diese normalen Bedürfnisse beschnitten werden und ein großer Teil der Erdbevölkerung ausgebeutet wird und anstelle von Würde: Not, Sorgen, Leistungsdruck und Armut erlebt, dann schwindet auch die Bereitschaft, um dieses physische Leben zu kämpfen. Und das wiederum kann zu einem früheren Ableben führen.

Eure Arbeitslosenzahlen sind heruntergerechnet, das gleiche gilt für die Preissteigerung, die häufig mit 2% angegeben wird, aber eure Lebensmittelpreise haben sich im Vergleich zu 2002 weltweit verdoppelt, verdrei- und vervierfacht. Habt ihr dieselbe Lohnsteigerung erfahren? Wer heute eine Arbeit sucht, bekommt in der Regel einen schlecht bezahlten Zeitvertrag. Ist die Vertragszeit abgelaufen, schließt sich das nächste Unternehmen mit einem Zeitvertrag an. Viele Menschen erleben diese Weiterreichung von Billigarbeitskräften bereits seit 20 Jahren. Bezahlbarer Wohnraum hat Seltenheitswert! Es ist in den letzten Jahren zu massiven Mietsteigerungen gekommen. Die Infrastruktur in Deutschland spiegelt deutlich die Sparanstrengungen eurer Politiker. Ihr könnt Versäumnisse eine Zeit lang ignorieren, aber sie kommen durch die Hintertür solange zurück, bis ihr sie wahrnehmt und verändert. Wenn die Menschenwürde und Achtung vor der Leistung verloren gehen, schwindet auch der Lebenswille und veranlasst Personen zu Handlungen, die sie bei Antritt des Lebens nicht geplant hatten!

Meine Lieben, wenn so etwas geschieht, seid ihr erst einmal erschüttert und fragt euch: Warum in aller Welt, lässt Gott so etwas zu? Warum passiert so etwas? Warum stirbt ein Mensch, wenn er doch offensichtlich noch nicht an Siechtum leidet und noch kein hohes Alter hat? Warum begehen junge Menschen Selbstmord oder melden sich freiwillig in den Krieg?
Gehen Lebensqualität und Hoffnung verloren, wird es auch Seelen geben, die verzweifeln und sich vor der Zeit verabschieden. Eure Seele weiß, dass sie auf der irdischen Ebene nur Gast ist!
Sie besitzt einen anderen Blickwinkel und kann sich auch aus einem Körper lösen, der offensichtlich noch nicht bis aufs Letzte erschöpft und mit seiner Vitalität am Ende ist. Es sind die Begeisterung und Freude am Leben und eure Ideen und Ziele, die euch auf der Erde halten.
Die Angehörigen fragen sich dann: Warum musste dieses Drama geschehen?
Und wir sagen euch: Der Tod ist nicht das Ende, sondern kann manchmal auch eine Erlösung aus einem zu schwer empfundenen Leben sein.
Für die Person, die sich da verabschiedet hat, ist der Übergang in die feinstoffliche Welt pure Freude und Glückseligkeit. Sie kehrt nach Hause zurück und vielleicht ist das für sie der glücklichste Moment, den sie in den letzten Jahren erlebt hat.

Es ist eure kollektive Aufgabe, die Lebensumstände auf der Erde so zu verbessern, dass jeder eine faire Chance hat! Schüttelt eure Opfermentalität ab! Jeder Mensch wird im Leben mit Herausforderungen konfrontiert. Und wenn ihr spürt, dass ihr abgleitet in Schwermut oder Depression, dann ist das eine Aufforderung an euch, dass ihr euer Leben verändern solltet! Holt euch Hilfe! Geht zur Beratung oder Therapie. Für alle psychischen Probleme, ob das nun Depressionen, Unruhe, Ängste, Sucht, Minderwertigkeitsgefühle oder Erschöpfung sind, gibt es natürliche Mittel. Der englische Arzt Dr. Edward Bach hat 38 Blüten gefunden, die gerade für das innere Gleichgewicht absolut wertvoll sind. Sie haben keine Nebenwirkungen und machen euch nicht abhängig und könnten vielen helfen, wieder neuen Lebensmut zu fassen!

Euro- und Weltbankkrise

Frage:
Ihr hattet uns berichtet, dass die Pole beim Eintritt ins Paralleluniversum
an Eismasse gewannen, und dass dies ein Zeichen für eine unbewusste
Bevölkerung sei. Das macht mir ein bisschen Sorgen! Wie ist das auf
anderen Zeitebenen? Sind wir die Einzigen die hinterherhinken?

Jesus Sananda

Ganz und gar nicht! Jede Zeitebene legt beim Eintritt in die höhere
Dimension an Eismasse zu. Die Frage ist, wie viel und wie lange es
sich hält?

Wenn ein Planet die Eintrittsstelle in diese höhere Schwingungsebene
erreicht hat, ist dem ein sehr langer Prozess des Erwachens der Bevölkerung vorausgegangen. Gleichzeitig spitzt sich das Problemfeld des
Planeten - also im Falle der Erde die Habgier - zu und zeigt sich mit
ungeschminkter Klarheit. Die Finanzmaschine wird zu einem gierigen
Monster, nach dem Motto: Welche Besitztümer können wir uns als
nächstes einverleiben? Wo ist noch Geld, was wir absahnen können?
Auf der anderen Seite steht die geschröpfte Bevölkerung. Jedes Land,
jede Regierung verarbeitet die Sparmaßnahmen individuell. Es gibt
Unterschiede in der Mentalität der Menschen und in ihrer Bereit-
schaft, finanzielle Einschnitte zu akzeptieren. Wann ist die Schmerz-
grenze erreicht? Leidet das Volk still und ergibt sich in sein Schicksal?
Oder formiert sich Widerstand gegen die drohende Sklaverei?
Wie lange dauert es, bis eure Politiker und Banker den Fehler im
System erkennen? Eure Illusion basiert auf dem Glauben, dass sich
Geld vermehrt! Und das ist schlicht falsch! Das haben bereits viele erkannt und wissen sehr wohl, dass die Situation weltweit so verfahren
ist, dass sie sich mit herkömmlichen Mitteln nicht mehr einrenken
lässt.

Erschwerend kommt dazu, dass nicht jedes Land gleichermaßen betroffen ist. In der Euro-Region kommen die Länder, deren Produktivität auf einem mittleren Niveau angesiedelt ist, am besten mit der gemeinsamen Währung klar, weil die Währung der Leistungsfähigkeit des Landes entspricht. Alle Länder, die leistungsstark sind und alle Länder, die wenig Industrie haben, leiden unter der gemeinsamen Währung. Für die einen ist der Euro zu schwach, für die anderen zu hoch. Auch Länder und Stadtstaaten, die zu den sogenannten Steueroasen zählen, sind finanziell besser gestellt, da sie einen Großteil der Steuereinnahmen der Welt kassieren.

Hättet ihr mit der Währungsunion des Euros in drei oder vier Staaten Europas begonnen, die annähernd gleiche Bedingungen in Produktivität, Steuern und Sozialleistungen besitzen, gäbe es heute nicht diese Schieflage!

Aber das bedeutet nicht, dass ihr ohne Euro keine Finanzkrise hättet!

Seit ca. 40 Jahren vermögen eure Banken nicht mehr die Zinsen der Superreichen aufzubringen. Gut, erklären wir das genauer:

Kurz nach dem Krieg seid ihr mit einer neuen, frischen, unverschuldeten Währung gestartet. Und es gab jede Menge Arbeit, Wiederaufbau, das Errichten neuer Produktionsstätten. Das Handwerk erblühte und jeder Einzelne hatte gute Chancen, einen gutbezahlten Job und eine Festanstellung zu finden. Wer geschickt war und arbeitswillig konnte sich leicht selbständig machen und ein Geschäft oder einen Handwerksbetrieb eröffnen. Jeder hatte gute Chancen seine persönlichen Lebensumstände fortlaufend zu verbessern.

Nun, leider habt ihr wieder – wie auf der Erde üblich – ein Finanzsystem mit Zins und Zinseszins aufgebaut, was automatisch nach ca. 30 Jahren zum Problem wird.

Jeder gesunde Organismus hört irgendwann auf zu wachsen – nur euer Zins- und Zinseszinssystem nicht, und genau das führt immer wieder in die Katastrophe. Dadurch, dass die Zinsen, die ihr im letzten Jahr für euer angelegtes Geld bekommen habt, als Summe für die nächste Zinszahlung dazukommen, erreicht ihr nach ca. 14 Jahren Laufzeit bei 5% Zinsen die Verdopplung eures Vermögens. Angenommen ihr habt 1 Million angelegt, dann habt ihr also nach 14 Jahren 2 Millionen. Nach 28 Jahren 4 Millionen, nach 42 Jahren 8 Millionen, nach 56 Jahren 16 Millionen, nach 70 Jahren 32 Millionen. Der Zins schießt durch die Decke und wird für die Banken zum Problem. Die ursprüngliche Einzahlung war 1 Million, woher sie die restlichen Millionen nehmen, um die Gutschrift auf dem Konto zu bedienen, bleibt rätselhaft.

Das ist der Grund, warum sie zocken!

Wir hatten euch gesagt: Geld vermehrt sich nicht!

Erschwerend kommt hinzu, dass nach einigen Jahren das Land wieder aufgebaut ist und damit der Bedarf an großen Krediten, die der Bank Zinsen einbringen würden, sinkt. Wenn heute jeder Kontoinhaber nur 10 % seiner Ersparnisse abheben würde, wären eure Banken morgen zahlungsunfähig!

Das ist weltweit die momentane Situation! Ihr könnt diesem System niemals gerecht werden sondern es nur verändern! Die Bankgesetze habt ihr erschaffen, sie sind weder heilig noch in Granit gemeißelt!

Momentan habt ihr jede Menge absurde Ideen, wie das Problem zu lösen ist: Staatliche und städtische Gebäude werden verkauft, die Wasserversorgung privatisiert, die Löhne und Renten gekürzt, Waffen werden zum Verkaufsschlager. Ihr kürzt die Sozialleistungen, erhebt neue Steuern, setzt auf windige Freihandelszonen, importiert Billigarbeitskräfte, gebt euren Bürgern 1€-Jobs und ihr liebäugelt mit katastrophalen Techniken.

Meine Lieben, wir können euch versichern, das ist der Weg in die Revolution!

Fracking

Jesus Sananda

Eine der größten Umweltkatastrophen würdet ihr billigend in Kauf nehmen, falls ihr die furchtbare Frackingtechnik ins dichtbesiedelte Europa bringt! Die Auswirkungen auf die Umwelt sind vergleichbar mit der Atombombe, einer Reaktorkatastrophe oder eben Fracking – sie spielen in derselben Liga!

Was ist das eigentlich?

Beim Fracken wird die Erde aufgebohrt und aus einem senkrechten Schacht werden Querbohrungen ins Gestein ausgeführt, in welche unter Hochdruck lösende Chemikalien, Sand und Wasser hineingeschossen werden. Dabei entstehen Risse im Gestein, aus denen geringe Mengen an Erdgas und Erdöl heraustreten.

Und was habt ihr hinterher? Für Jahrhunderte verseuchte Böden, die sich weder für Menschen, noch für Tiere oder Pflanzen eignen. Hohe Instabilität in der Erdkruste und im weiten Umfeld ungenießbares Grundwasser. Vielleicht solltet ihr euch schon immer Gedanken machen, wohin ihr die Flüchtlingsströme aus diesen verseuchten Gebieten lenkt? Und wo ihr in Zukunft euer Trinkwasser einkauft?

Werfen wir einen Blick auf den unglaublichen Nutzen:

Angenommen, es gäbe eine mächtige Betreiberfirma, die bei ihrem Pilotprojekt gigantische Kredite aufgenommen und alles auf eine Karte gesetzt, meilenfressend die Landschaft verwüstet und am Ende eine geringe Menge Gas und Oel erwirtschaftet hätte. Was könnte sie tun, um ihre gewaltigen Ausgaben zu begrenzen?

Meine Lieben, ihr kennt aus der Vergangenheit die Immobilienblase. Vielleicht seid ihr ja jetzt offen für die Schiefergasblase?

Die Ausbeute ist gegenüber dem Aufwand lächerlich! Die Böden sind unwiderruflich verdorben, auf ihnen können weder Pflanzen angebaut werden, noch ist es sinnvoll, dort weiterhin Menschen leben zu lassen, weil sie krank werden. Die Anwohner drängen in den USA auf Entschädigungszahlungen und müssen umgesiedelt werden. Wie kann die Betreiberfirma also diesen Schaden begrenzen?

Sie könnten so tun, als ob sie das Geschäft ihres Lebens gemacht hätten! Das weckt bei den Gierigen der Welt Begehrlichkeiten. Die Technik des Frackings könnte zum Verkaufsschlager werden und die verseuchte Erde würden sie am liebsten gleich mit exportieren!
Viele kleine engbesiedelte Länder möchten gern ihre Energiekosten senken und selbst Erdöl und Erdgas fördern. Aber zu welchem Preis? Glaubt ihr wirklich, dass es das wert ist? Die Bevölkerung Europas sollte alles tun, um diese todbringende Technik nicht auf den Kontinent zu lassen!
Ihr habt so viele gute Ideen auf dem Gebiet der erneuerbaren Techniken! Darauf solltest ihr euch konzentrieren! Das ist die Zukunft! Erdöl gibt es ohnehin nur noch für eine begrenzte Zeit.

Chemtrails

Frage:
Ich habe eine Frage über die Kondensstreifen und chemischen Stoffe, die von Flugzeugen in die Luft gesprüht werden. Ich möchte wissen, wer das macht und was es bedeutet?

Kuthumi

Gut, meine Liebe, es gibt Flugzeuge, die Chemikalien versprühen, zum Beispiel wenn in einer Gegend eine starke Population von Mücken vorhanden ist. Das sind kleinere Flugzeuge, die meistens nur in 1000 Metern Flughöhe fliegen, und die ihr einsetzt, um über dem Boden etwas auszusprühen, mit dem Ziel ein bestimmtes Gebiet vom Ungeziefer zu befreien oder ein Waldgebiet vom Borkenkäfer. Diese Flugzeuge versprühen Chemikalien und beauftragt werden sie vom Forst- oder Bauernverband.

Außerdem gibt es Löschflugzeuge, die kippen Wasser aus oder auch eine Mischung aus Wasser und Chemikalien, damit Waldbrände gelöscht werden. Aber aus unserer Sicht sind sie nicht dafür verantwortlich, dass ihr Chemikalien im Boden habt. Die ergeben sich eher durch eine jahrelange Überdüngung der Felder und Anbauflächen.

Einwurf:
Davon rede ich nicht! Ich spreche von Passagierflugzeugen, die in 10 000 Metern Höhe fliegen und dort Chemikalien versprühen. Man kann es am Himmel sehen, sie ziehen Chemtrails hinter sich her.

Kuthumi

Die meisten Passagierflugzeuge fliegen mit Turbinentriebwerken, in die sehr rasch Luft eingezogen, verdichtet und in der Brennkammer mit Kerosin verbrannt wird. Dadurch entsteht ein Schub, der das Flugzeug in der Luft hält und dabei vorwärts bewegt. Hinter dem Antrieb entstehen Kondensstreifen, die auch von der Erde aus sichtbar sind. Die Kondensstreifen sind sinngemäß die Abgase des Flugzeuges und bestehen zu einem Großteil aus heißer Luft und dem verbrannten Kerosin.

Ist der Flugbetrieb in einer Region sehr hoch, kommt es dadurch bedingt zur erhöhten Wolkenbildung, was bei euch der Fall ist. Diese erhöhte Wolkenbildung beeinflusst das Wetter auf der Erde. Es gibt mehr Regen und bewölkte Tage, die sich besonders in bergigen Regionen halten.

Meine Liebe, ihr könnt nicht einfach in einem Passagierflugzeug in 10 000 Metern Höhe Chemikalien versprühen. Das würde nicht nur das Flugzeug sondern auch die Passagiere gefährden. Die Unterschiede, die ihr in den Kondensstreifen wahrnehmt, ergeben sich durch unterschiedliche Luftdruckzonen. Den gleichen Effekt könnt ihr beobachten beim Anblick des nächtlichen Mondes: Manchmal erscheint er riesengroß und ist sehr nahe und dann scheint er wieder weit weg und sehr klein zu sein. Auch Kondensstreifen unterliegen diesem Effekt.

Manchmal kann es vorkommen, dass ein Flugzeug mit einem Defekt umkehrt oder auf dem nächsten Flughafen notlanden muss. Bei technischen Notfällen ist es verbreitet, dass ein Teil des Treibstoffes vor dem Landeanflug abgelassen wird, damit die Gefahr der Explosion der Maschine möglichst gering gehalten wird.

Ebenso gibt es in der Nähe des Flugplatzes immer mal wieder Hinterlassenschaften, die beim Ausklappen der Räder zur Erde fallen. Im Allgemeinen sind das Schmiermittel in Verbindung mit Eis oder Wasser, die eure Vorgärten verunzieren.

Meine Liebe, es gibt auf irdischen Ebene Menschen, die lieben es, sich Horrorszenarien auszumalen. Ihr solltet mit eurem Verstand überprüfen, in wie weit eine Behauptung der Wahrheit entspricht.

Damit wollen wir nicht sagen, dass es keine Experimente gäbe. Ihr versucht zum Beispiel das Wetter zu beeinflussen, indem ihr von der

Erde aus Chemikalien in den Himmel schießt, um zu bewirken, dass sich Wolken abregnen. Solche Experimente gibt es, aber sie sind zahlenmäßig unbedeutend. Aber diese Kondensstreifen von euren Passagierflugzeugen sind eher harmlos. Sie begünstigen die Wolkenbildung. Vielleicht erinnert ihr euch noch, als der Isländische Vulkan Eyjafjallajökull 2010 ausbrach und für mehrere Tage den Flugverkehr lahm legte, dass weite Teile Europas mit prachtvollem Sonnenschein belohnt wurden.

Einwurf:
Darf ich etwas sagen?

Kuthumi
Ja.

Antwort:
Ich verstehe, dass das eine Lüge ist. Aber diese Information, dass zu viel Aluminium und Barium auf der Erde in Pflanzen und im Wasser vorhanden sind. Ist das so? Oder ist das auch eine Lüge?

Kuthumi
Gut, meine Liebe, nicht alles ist gelogen! Ihr habt ein Ungleichgewicht in der Natur. Die Ackerflächen werden überdüngt und damit die Böden und das Trinkwasser gesäuert. Entstehen beim Verbrennen von Kerosin Abgase? Ja! Sind die Böden in der Nähe von Flughäfen mehr kontaminiert? Ja! Werden von Passagierflugzeugen Chemikalien versprüht? Nein!
Ebenso errichtet ihr auf dem Meer Ölplattformen, um nach Erdöl zu bohren. Es gibt auf dem Ozean keine einzige Ölplattform, von der nicht Verunreinigungen austreten. Nicht in dem Maße wie damals im Golf von Mexiko, aber genug, um bei der Meerwasserqualität einen nachhaltigen Schaden zu verursachen. Sind eure Meere voller Plastikmüll? Ja!

Euer Hang, immer risikoreicher der Erde Energie abzuringen, hat etwas Selbstzerstörerisches! Und hier ist die Bevölkerung aufgerufen diesen Machenschaften ein Ende zu setzen! Empört euch! In eurer Zeit kommen alle Skandale ans Licht. Setzt euch gemeinsam dafür ein, dass die Profitgier Einzelner gestoppt wird!

Ebola

Konfuzius

Ebola hat seinen Ursprung in Afrika und hat viel mit den hygienischen Bedingungen und dem Verzehr von wildlebenden Tieren, wie Fledermäusen und Ratten, zu tun. Warum werden diese Tiere verzehrt?

Aus Gründen der Armut. Ausländische Billiglebensmittel haben dafür gesorgt, dass die einheimischen Bauern ihre Produkte nicht mehr verkaufen konnten, weil sie mit den Lebensmittelpreisen der importierten Waren nicht konkurrieren konnten. Das führte zum Niedergang der Landwirtschaft. Anschließend wurde den Bauern von einem führenden Agrarkonzern Hybridsaatgut verkauft. Die hervorstechendste Eigenschaft ist, es ist nicht vermehrungsfähig. Das bedeutet, es gibt nur eine Ernte. Die Bauern sollten abhängig gemacht werden von dem Saatguthersteller, wie es auch in Europa geschehen ist. Damit war der Hunger garantiert.

Noch ein Wort zu dem Hybridsaatgut: Der Konzern M. versucht ein weltweites Monopol der Abhängigkeit zu erschaffen, indem er den Bauern nicht vermehrungsfähiges Saatgut verkauft, was jährlich neu erworben werden muss. Es gibt dazu eine sehr vielversprechende Gegenbewegung: Bauernverbände erschaffen eine Börse für weltweiten Saatguttausch von vermehrungsfähigen Sorten. Und hier sind EU-Politiker aufgefordert sich für die Bauern einzusetzen und den Lobbyinteressen einen Riegel vorzuschieben.

Doch nun zurück zum Thema: Im kollektiven Bewusstsein von Afrika gibt es eine Vorstellung - bedingt durch die Kolonialzeit – wie sich Herrscher zu verhalten haben und dieses Bild trägt nicht zur Demokratisierung bei! In vielen afrikanischen Ländern herrschen Diktatoren, die Korruption ist sehr hoch und jahrelange Kriege haben die

Bevölkerung ausgezehrt. Die meisten Staaten sind hochgradig verschuldet, was wiederum die Ärmsten dazu treibt, ihren Hunger mit dem Fleisch von wildlebenden Tieren zu stillen, die in den Zeiten einer funktionierenden Landwirtschaft nicht auf den Teller gekommen wären.

Kommen wir nun zum Krankheitsverlauf von Ebola: Zwischen dem Verzehr des infizierten Fleisches und dem Ausbruch der Krankheit liegen ca. acht Tage. Der Kranke hat zu Anfang Symptome wie bei einer Magen- und Darmgrippe und ab diesem Moment wird er für andere ansteckend. Ebola wird übertragen durch Körperflüssigkeiten, Sekrete, Schweiß, Fäkalien und Erbrochenem. Die meisten Patienten, die sich bei bereits an Ebola-Erkrankten anstecken, benötigen für die Inkubationszeit bis zu 20 Tage. Etwa 75% der Erkrankten sterben an inneren Blutungen. Ein Viertel wird wieder gesund!

Meine Lieben, wir hatten euch bereits informiert, wie wichtig die Lebensqualität in Bezug zum Lebenswillen ist! „Ausbluten" ist psychologisch gleichzusetzen mit aufgeben. Viele junge Menschen in Afrika sehen keine Hoffnung und starten verzweifelte Versuche um wegzukommen. Aber letztendlich geht es um den Aufbau von demokratischen Verhältnissen! Und dieser Weg ist zu erreichen, indem ihr keine Waffen nach Afrika liefert und das Finanzsystem neu startet ohne Zinsen. Auch Produktionsstätten sind willkommen. Aber es geht jetzt um eine Begegnung auf Augenhöhe. Fairness und Gerechtigkeit sind hier gefragt!

Frage:
Könnte Ebola auch auf andere Kontinente überspringen?

Konfuzius

Ja, aber da ihr in den meisten Ländern selbst keine Fledermäuse und Ratten verzehrt, können euch nur bereits Infizierte anstecken. Da die Inkubationszeit von 20 Tagen sehr hoch ist, ist die Wahrscheinlichkeit gegeben, dass es sich auf andere Länder durch Reisende überträgt. Das sind aber eher Einzelfälle und nicht vergleichbar mit der Heftigkeit dieser Epidemie in Afrika.

Sendet in die betroffenen Gebiete Hilfsgüter.

Das Duale Universum und die Neutralität

Kuthumi

Das Duale Universum wird erzeugt durch zwei gegensätzliche Bewegungen im All. Die eine Bewegung zieht sich zusammen und ballt sich in schwarzen Löchern, die andere dehnt sich aus und erschafft weiße Riesen. Soviel habt ihr vom Bauplan erkannt. Es sind genau diese Bewegungen, die das Universum polar werden lassen und auf diese Art und Weise werden die Spielregeln ausgesendet: Enge und Weite – Opfer und Kämpfer.

Auf menschliche Attribute übersetzt heißt Opfermentalität: Sich klein machen, alles hinnehmen, Bereitschaft zum Leiden, Ärger hinunterschlucken, nicht aufmucken und Anpassung bis zur Sklaverei.

Kämpfermentalität bedeutet: Wutschnaubend explodieren, sich rächen, andere bezahlen lassen, zu unkontrollierten Gewalttätigkeiten neigen und in den Kampf ziehen.

Aus dieser Vergangenheit kommt ihr! Und das Duale Universum sorgt dafür, dass ihr euch lange Zeit zwischen diesen beiden Extremen hin- und herbewegt.

Wenn ihr euch dem Paralleluniversum nähert, schwinden die polaren Kräfte, ihnen wird durch den Bewusstseinsprozess die Existenzgrundlage entzogen. Bewusstsein heißt, dass ihr eure Gefühle wahrnehmt, für eure Wahrheit eintretet, Missverständnisse klärt, zur Versöhnung bereit seid, ein harmonisches Umfeld anstrebt und euch für Gerechtigkeit einsetzt.

Diesen Prozess hat ein Teil der Menschheit erfolgreich beschritten. Ihr habt eure Vergangenheit aufgearbeitet und leidvolle Erfahrungen wiedererlebt und verstanden, und das hat euch frei gemacht. Daraus entstehen innerer Frieden und Ausgeglichenheit!

Solltet ihr gelegentlich abgleiten in einen aufgewühlten inneren Zustand der Unzufriedenheit, könnt ihr den mit göttlicher Hilfe leicht wechseln. Schließt eure Augen und zählt auf, wie ihr euch fühlt! Beispiel: „Ich habe in mir ein Gefühl der Unzufriedenheit. Ich fühle mich unausgeglichen und zickig!" Benennt eure Gefühle und nehmt sie bewusst wahr! Dann bittet um göttliche Reinigung. Stellt euch vor, ihr steht unter einer Lichtdusche und atmet dieses Licht ein. Konzentriert euch eine Minute lang nur auf die Lichtatmung. Danach seid ihr in der Neutralität und habt euren inneren Frieden wieder hergestellt!

Frage:
Ich habe in verschiedenen Kursen gelernt, wie wichtig es ist, die Rolle des Opfer- und Kämpferspieles zu verlassen und eine Position des Beobachters einzunehmen. Ich ertappe mich persönlich dabei, dass ich diese Rolle gerne innehabe, aber das geht einher mit dem Verlust der emotionalen Spitzen. Das heißt, ich kann mich noch freuen und auch traurig sein, aber die absoluten Spitzen, die letztendlich zu diesen Dramen führen, die die Menschen so gerne haben, dieses Himmelhochjauchzen und zu Tode betrübt sein, das spüre ich überhaupt nicht mehr! Und ich mache nun die Erfahrung, dass Menschen, die mir nahe stehen, mir vorwerfen, ich sei gefühlskalt geworden.

Kuthumi
Gut, mein Lieber, wenn ihr an euch arbeitet, bewusster werdet, euch selbst beobachtet, dann begebt ihr euch heraus aus diesem Opfer- und Kämpferspiel, tretet ein in die Neutralität und es kann vorkommen, dass ihr dann das Gefühl habt, euer Leben würde ohne Emotionen verlaufen.

In einer gewissen Weise stimmt das, nur seid ihr nicht frei von jeglichen Gefühlen. Ihr könnt euch hineinversetzen in andere, könnt wahrnehmen, wo sie gerade stehen auf Grund dessen, dass ihr an euch selbst gearbeitet habt und werdet dadurch zu wunderbaren Therapeuten.

Nun sagen die anderen zu dir, du seist gefühlskalt, aber das wiederum stimmt auch nicht. Du bist noch immer ein fühlendes Wesen. Wovon du dich zurückgezogen hast, das sind diese intensiven Gefühlsausbrüche, dieses Jammern und die aufkochenden Emotionen, die hast du hinter dir gelassen und dafür hat sich in dir so etwas wie Neutralität, Ruhe und auch Frieden eingestellt.

Mein Lieber, du bist nicht gefühllos! Das kann sich für andere so darstellen, da sie dich im Vergleich zu früher kennen und den Unterschied wahrnehmen. Du hast einen anderen Sichtwinkel auf das Leben eingenommen, weißt, dass nichts im Universum zufällig geschieht, und übernimmst damit nicht mehr die Verantwortung für andere Menschen, und das wirkt auf sie möglicherweise so wie du beschrieben hast. Aber es entspricht nicht der Wahrheit, dass du gefühlskalt bist. In Wirklichkeit dürfen sie auch erkennen, wie viel Freiheit und Akzeptanz du ihnen dadurch schenkst.

Kuthumi

Gut, meine Lieben, wir würden uns gern noch einmal der Polarität und dem Paralleluniversum zuwenden. Die Schwingungsebene, die ihr erreicht habt, steht für Freiheit, Gerechtigkeit, Frieden und Fairness und alles, was konträr zu diesen Energien steht, wird einer Intensivreinigung unterzogen.

Das bedeutet Kämpfer und Opfer erwachen entweder jetzt oder verlassen den Planeten! Missstände werden jetzt aufgedeckt und verändert! Die heutige Zeit erscheint gnadenlos, aber sie befreit euch von altbackenen Strukturen und den Seelen, die nicht bereit sind, an sich zu arbeiten und sich zu entwickeln.

Eure erste Pflicht ist es, in euch den Frieden zu wahren! Wenn ihr das könnt, dann beteiligt euch an Diskussionen und sprecht über anstehende Veränderungen. Trefft euch in Gesprächs- und Meditationsgruppen. Hört auf zu jammern und zu schimpfen – das ist die Polarität. Heute geht es um das Finden von gleichberechtigten, konstruktiven Lösungen! Erkennt endlich über wie viel Macht ihr verfügt! Und solltet ihr mal wieder aus eurem inneren Frieden fallen, dann stellt ihn wieder her! Wie das geht, habt ihr alle gelernt!

Wie funktionieren Tauschringe?

Kuthumi

Meine Lieben, diese Phase der Veränderung zu einer freiheitlichen Gesellschaft mit einem fließenden Finanzsystem kann sehr rasch über die Bühne gehen, aber sie kann auch jahrelang stagnieren.

Der Tauschring, den wir euch hier beschreiben möchten, ist eine Möglichkeit für die Phase, in der ihr spürt, das Alte trägt nicht mehr! Es kommt zu wenig Geld rein und die Aufträge gehen zurück! Der Tauschring ist ein Notfallprogramm. Die Vernetzung mit anderen Menschen ist wertvoll, aber es ist nichts Dauerhaftes, was ewig so bleiben muss.

Wenn ihr einen Tauschring gründen möchtet, dann klärt als erstes ab, ob es in eurer Region schon vergleichbare Zusammenschlüsse gibt. In vielen großen und kleinen Städten in Deutschland bestehen bereits Tauschringe, die gern neue Mitglieder aufnehmen.

Bei einer Neugründung braucht ihr Menschen, die auch spüren, dass das Geld nicht mehr ausreicht. Was euch verbindet, sind eure Wünsche und Bedürfnisse, die ihr euch nicht mehr leisten könnt. Tauscht euch in der Gruppe aus, vernetzt euch miteinander, erstellt eine Kontaktliste, in der aufgeführt wird, wer welche Leistungen erbringen könnte und eine Wunschliste, auf der steht, wofür euch das Geld fehlt.

Achtet darauf, dass bei diesen Treffen eine positive Stimmung herrscht und nicht die „Jammerer" den Inhalt der Treffen bestimmen! Bei den Leistungen, die ihr für andere anbietet, solltet ihr euch nicht verbiegen - so nach dem Motto: „Welche Tätigkeit könnte ich mir zumuten?" Darum geht es nicht! Seid ehrlich und bietet das an, was ihr gern tut!

Ihr könntet beispielsweise angeben: „Ich würde gern mit Menschen arbeiten, die gesundheitliche oder psychische Probleme haben. Ich berate sie, ich zeige ihnen, worauf sie achten müssten und mache mit ihnen Übungen aus dem Bereich ... "

Bringt klar herüber, was ihr tun möchtet, und welche Arbeit euch die größte Freude bereitet.

Viele Menschen haben die Prägung, dass Arbeit etwas Widerwertiges ist, wozu man sich zwingen muss! Es geht aber bei dieser Leistungsliste nicht darum, irgendeinen faulen Deal zu machen! So dass ihr euch sagt: „Ich könnte mich vielleicht durchringen, irgendwo den Boden zu putzen, aber es würde mir keinen Spaß machen!"

Verbiegungen sind dabei nicht angesagt! Macht das, was ihr gern tut! Kommen wir nun zur Wunschliste: Vielleicht möchte jemand seine Küche renovieren, aber es fehlt das Geld für den Handwerker. Oder ein anderer kommt nicht dazu den Garten zu pflegen. Wieder ein anderer möchte seine Haare schneiden und färben lassen. Der Nächste braucht Hilfe am Computer. Der Austausch ist das Wichtigste - trefft euch in einem zeitlichen Rhythmus - und haltet die Liste auf dem neuesten Stand und helft euch gegenseitig.

Das wäre ein Anfang! Was ihr austauscht ist Leistung gegen Leistung, wobei Materialien vom Nutznießer gekauft werden. Ihr tauscht also Arbeitszeit gegen Arbeitszeit. Jeder hat ein Zeitkonto, wobei eine Stunde Putzen genauso viel wert ist wie eine Stunde Therapie. Aber der Austausch bezieht sich nicht nur auf zwei Menschen, sondern auf die Gruppe. Ihr könntet innerhalb der Gruppe ein Wertscheinsystem benutzen – das ist dieses Zeitkonto. Die Wertscheine werden gegen geleistete Arbeit weitergegeben und symbolisieren euer Guthaben an Zeit. Sie gelten innerhalb der Gruppe als Zahlungsmittel.

Beim Zeitkonto dürft ihr darauf achten, dass bei einer bestimmten Höhe von Punkten oder Gutscheinen ein Ausgleich stattfindet. Das ist wichtig!

Die Schwierigkeit in solchen Gruppen besteht häufig darin, dass es Personen gibt, die immer konsumieren und andere, die immer nur leisten. Das Geben und Nehmen sollte bei einem bestimmten Limit einen Ausgleich finden. Führt eine rote Linie ein! Beispielsweise bei 50 Stunden.

Ihr könnt darüber hinaus auch privat einen finanziellen Rahmen abschließen, das ist dann sinnvoll, wenn ein Handwerker bei seinen Maschinen, die zum Einsatz kommen, Verschleißteile wie Bohrer oder Sägeblätter nachkaufen muss. Diese Regelungen dürft ihr im Vier-Augen-Gespräch finden.

Schaut, was für beide Seiten stimmig ist!

Der Tauschring ist eine wertvolle Möglichkeit der gegenseitigen Unterstützung für die Zeit, in der der Geldfluss stagniert. Aber wir betrachten ihn eher als Notfallprogramm und nicht als Dauerlösung.

Die Lichtrevolution auf der Erde

Frage:
*Ich würde gerne wissen, wann unser Finanzsystem zusammenbricht oder
ob die Sparmaßnahmen eine solche Entwicklung ausschließen?*

Jesus Sananda

Meine Lieben, wann genau der Zeitpunkt sein wird, zu dem es
zusammenbricht, können wir euch nicht sagen. Nur, dass es mit
Sicherheit geschieht! Ihr seid noch bis 2017 in dieser heftigen Energie
der Veränderung. Und die Wahrscheinlichkeit ist groß, dass es zu weltweiten Aktivitäten auf dem Finanzmarkt kommt. Die Produktivität
der Wirtschaft stagniert. Die breite Masse der Erdbevölkerung leidet
unter Geldknappheit und damit sinkt die Kauflaune.
Der Zusammenbruch von Währungen und die Ausgabe neuer Bank-
noten sind sehr wahrscheinlich. Allerdings führen sie erst zur Erleichterung, wenn ihr bei dieser Neueinführung das Schulden- und
Zinssystem unwiderruflich beendet.

Wir verstehen euer Bedürfnis nach Auskunft, aber würden wir jetzt
sagen, dass im Jahr 2015 Teile Europas die Währungsunion verlassen,
dann wäre das spekulativ. Eure Zukunft ergibt sich aus den kollektiven Strömungen und Interessen aller. Jeder Einzelne speist seine Vorstellungen über die Zukunft der Welt ins kollektive Bewusstsein ein
und daraus ergeben sich mögliche Zukunftsszenarien.
Die breite Masse der Menschheit ist stark verunsichert und fühlt sich
machtlos. Aus dieser Ohnmacht ergibt sich eine unterschwellige Bereitschaft zur Sklaverei. Aus diesem Grund ist es so wichtig, dass ihr
euer inneres Gleichgewicht und eure Harmonie stärkt! Versetzt euch
morgens und wenn immer es nötig ist, in einen positiven von
Lebensfreude getragenen Zustand.

Falls Ohnmacht und Sklaverei euer Ziel sein sollten, dann braucht ihr nur aussenden:

„Es ist in Ordnung, dass ich nur noch die Hälfte von meinem früheren Lohn bekomme, es ist in Ordnung, dass ich 12 Stunden arbeite und keine einzige Überstunde bezahlt bekomme. Es ist in Ordnung, dass alles teurer wird. Und was geht es mich an, wenn das Schwimmbad schließt und keine Sanierungsgelder für marode Brücken da sind. Was geht es mich an, wenn die Wehrpflicht wieder eingeführt wird! Sollen sie doch ihre Waffen exportieren und anschließend die Steuergelder zum Wiederaufbau verwenden! Solange ich meinen Fernseher und mein Computerspiel habe, kann ruhig Sklaverei herrschen!" Dann wird sich die Situation auch über 2017 hinaus weiter verschärfen!

Frage:
Was können wir deiner Ansicht nach tun, um diese Veränderungen 2017 zu unterstützen? Wie können wir darauf Einfluss nehmen?

Jesus Sananda
Gut, meine Liebe, es gibt andere Zeitebenen, die vor euch diese Veränderungen durchlaufen haben, werfen wir einen Blick auf sie:
Nun, das folgende ist wirklich spekulativ, und ihr dürft euch vor Augen halten, dass das auf einer anderen Zeitbahn geschehen ist, und es keine Garantie für exakte Wiederholungen gibt:
Nennen wir den Planeten Gaya II. Es war Sommer und begann so harmlos, dass es schon fast den Anschein eines Versehens hatte! Die Bürger eines europäischen Landes trafen sich zu einer groß angekündigten Demonstration. Sie zogen friedlich durch das Bankenviertel der Hauptstadt und wurden dort durch eine Absperrung aufgehalten. Viele nutzten die Gelegenheit, um ihre Bank aufzusuchen und Geld abzuheben. Nach ca. einer Stunde schlossen die Banken die Pforten und setzten die Geldautomaten auf „außer Betrieb". Der Grund war nicht dramatisch, ihnen war lediglich der Tagesbedarf an Bargeld ausgegangen. Das Ereignis geriet in die Medien und ins Internet. Was zur

Folge hatte, dass es sich wie ein Lauffeuer im ganzen Land verbreitete. Alle, die es lasen, verließen ihre Arbeitsstellen und fuhren zu ihrer Bankfiliale, um Geld abzuheben. Viele kamen bereits zu spät und standen vor verschlossenen Türen. Das Ereignis kam abends auf allen Nachrichtensendern, worauf selbst die hinterste Provinz ohne Bargeld war, und die Bürger von anderen europäischen Ländern plünderten ebenfalls ihre Konten. Die Aktion erfasste den Kontinent und mit kurzer Verzögerung die ganze Welt. Die Amerikaner, Afrikaner, Australier und Asiaten fragten sich: Wenn die Banken in Europa zahlungsunfähig sind, wie lange dauert es dann bis es überspringt? Die Politiker taten alles um die Menschen zu beruhigen. Es wurden große Mengen Papiergeld nachgedruckt, aber trotzdem reichte es nur für begrenzte Öffnungszeiten. Die Polizei sicherte die Banken und ließ nur eine kleine Menge Kunden in den Schalterraum. Mittlerweile waren in allen Städten Menschen auf der Straße, sie versammelten sich vor den Banken und vor den Regierungsinstitutionen. Sprechchöre erklangen und Banner wurden hochgehalten. Sie sorgten dafür, dass Politiker und Banker keinen Feierabend mehr machen konnten. Die Demonstranten hatten die Gebäude umstellt und riefen: „Wir sind das Volk und wir fordern Gerechtigkeit!"

Das hat letztendlich auf dieser Zeitebene dazu geführt, dass Politiker und Banker miteinander gesprochen haben. Plötzlich wurde sehr intensiv an Lösungen gearbeitet. So viel zu den Geschehnissen auf Gaya II.

In dem Moment, wo das Volk aufsteht und die Arbeit niederlegt, Gerechtigkeit fordert, herrscht zwar eine hohe Unsicherheit, aber auch eine große Chance für mehr Gerechtigkeit und die Umverteilung der Mittel. Ihr seid heute weltweit vernetzt und das ist eine Grundvoraussetzung für eine weltweite Veränderung! Es gibt einige Länder, zum Beispiel die Südländer Europas, da finden jeden Montag Demonstrationen statt. Andere Regionen bevorzugen den Freitag. Die Menschen gehen auf die Straße und fordern Gerechtigkeit. Irgendwann ist die

Erde so weit, dass es auf dem gesamten Planeten geschieht. Ihr könnt die Ungerechtigkeit friedlich abschaffen.

Nur dürft ihr es verlangen! Eure Politiker haben Angst, sie begreifen zwar deutlich, dass Veränderungen anstehen, aber da gibt es diese hunderttausend Personen, die das alte System am Leben erhalten sollen und sie sind mächtig. Würde ein einzelner Politiker aufbegehren und sagen: „Wir enteignen die Hochfinanz, setzen das Finanzsystem zurück und stellen jedem Bürger das gleiche Startkapital zur Verfügung und schaffen die Zinsen ab!" wäre er seines Lebens nicht mehr sicher. Die Politiker handeln erst, wenn sie die Rückendeckung aus der Bevölkerung haben, vorher nicht.

Das ist die Situation, die derzeit auf der Traumebene besprochen wird. Wenn die Zeit reif ist, werdet ihr auch regelmäßige Demonstrationen haben. Wichtig ist, dass es dabei friedlich zugeht! Die Bankmitarbeiter können nichts für das bestehende Finanzsystem. Die meisten Politiker möchten den Menschen dienen, aber sie trauen sich nicht die alten Strukturen zu verändern. Dafür brauchen sie euch!

Frage:
Ich habe dazu noch eine Frage. Da wir über das morphogenetische Feld alle miteinander verbunden sind, könnten wir ja unsere Gedanken einsetzen, um Politiker und Banker so zu beeinflussen, dass sie kampflos diese Veränderungen vornehmen?

Jesus Sananda

Gut, meine Liebe, das kannst du gerne tun in deinen Meditationen. Und im persönlichen Bereich funktioniert das geradezu phänomenal! Aber diese Veränderung betrifft die Gesellschaft und damit das kollektive Bewusstsein. Wir hatten euch gesagt, ihr befindet euch im Wir-Bewusstsein. Wenn ihr gesellschaftliche Veränderungen anstrebt, wäre es vorteilhaft, wenn so eine Vision von vielen geteilt würde. In der

Physis haben tatsächlich geäußerte Reden und Demonstrationen eine direktere Wirkung. Das Aussenden von friedlichen Vorstellungen ist immer hilfreich. Aber letztendlich ist es der Druck aus der Bevölkerung, der eure Politiker aktiv werden lässt!

Aufruf zur Friedensmeditation

Frage:
Am 8. August 2014 wurde zu einer weltweiten Friedensmeditation aufgerufen, da haben wohl hunderttausende Menschen mitgemacht. Ich wollte mal fragen, wie sinnvoll ist das? Es hatte keine direkte, sichtbare Auswirkung. Aber ich würde gern wissen, was ihr uns dazu sagen könnt!

Jesus Sananda
Wenn sich weltweit Menschen vernetzen, für den Frieden beten und friedliche Energien aussenden, dann hat das eine große Wirkung. Und denkt nicht, nur weil sich nicht unmittelbar das Ende einer bestimmten Krise abzeichnet, dass es keine Wirkung hätte! Es wirkt mit zeitlicher Verzögerung und ist wichtig für die Menschen, die gerade in einem Konfliktfeld erwachen, auch wenn es keine unmittelbare Auswirkung auf den Konflikt selbst hat.

Es hat die Wirkung, dass die Seelen der Menschen vor Ort einen Energieschub aus der geistigen Ebene bekommen, der sie innehalten lässt und menschliches Verhalten unterstützt. Vielleicht lässt ein Soldat die Waffe sinken und ruft dem Gegner etwas zu. Möglicherweise hinterfragt ein Kämpfer einen Einsatzbefehl und zögert mit der Ausführung. In einem anderen Gebiet werden Zivilisten in Sicherheit gebracht. Eine Kugel verfehlt das Ziel. Es sind tausend kleine Dinge, die Menschen das Leben retten, die aber von euren Medien nicht registriert werden.

Es hat sicher nicht die Auswirkung, auf die ihr vielleicht gehofft habt, dass sofort Frieden herrscht. Aber jedes menschliche Verhalten in einem Konfliktherd ist ein Gewinn.

Meine Lieben, Friedensmeditationen sind immer wertvoll. Nur dürft ihr nicht erwarten, dass am nächsten Tag weltweit Frieden einzieht. Das ist nicht der Fall! Euer irdisches Geschehen speist sich aus den Vorlieben der Menschen und solange eine größere Menschengruppe Kriegsspiele am Computer liebt, ergibt sich eine Bereitschaft in den Krieg zu ziehen und im Kampf zu sterben. Erkennt die Zusammenhänge! Die Erde befindet sich in einer intensiven Reinigung und die Hasserfüllten möchten die Chance haben den Planeten zu verlassen. Ihr seid in einer Energie der intensiven Veränderung und da ist es manchmal wichtig, dass verschiedene Kreise wachgerüttelt werden und Menschen auch lernen zu verstehen, dass durch Waffen oder Waffenlieferungen der Konflikt nur angeheizt wird. In einem Krieg gibt es keine Sieger, sondern immer nur Verlierer auf beiden Seiten. Nur die Diplomatie und ehrliche Gespräche bieten zivilisierte Lösungen. Baut die Ängste voreinander in Gesprächen ab und nehmt Kriegsspiele vom Markt!

Jesus Sananda
Hier geben wir euch eine Anleitung für eine hochwirksame Friedensmeditation:

Setzt euch, wenn möglich, kreisförmig in einer Runde zusammen. Das funktioniert bereits ab drei Personen. Aber auch jede Einzelperson, die mitmacht, trägt zum Frieden bei.
Die erste Aufgabe ist es, euch selbst in einen freudvollen, lebensbejahenden Zustand zu versetzen. Reist in eurer Fantasie an einen Urlaubsort, erinnert euch, wie es dort ausschaut. Taucht ein in lustige Begebenheiten, erinnert euch an gemeinsames Lachen oder an Momente der Liebe und tiefen Erfüllung.
Stellt euch vor, neben euch landet ein fliegender Teppich, auf den ihr aufspringt. Er trägt euch hinauf in eine himmlische Lichtung, dort wird euch ein regenbogenfarbiger Scheinwerfer ausgehändigt, der mit

hohen kosmischen Energien bestückt ist. Er leuchtet je nach Bedarf in unterschiedlichen Farben und besitzt magische Kräfte, die automatisch das unterstützen, was in einer Region benötigt wird. Eure Reise beginnt in dem Land, in dem ihr zu Hause seid. Stellt euch vor, wie euer Scheinwerfer mit seinem Licht euren Wohnort von oben bestrahlt. Ihr steigt mit eurem Teppich auf und erfasst einen größeren Rahmen: Die Region, die Hauptstadt, das Bankenviertel, euer gesamtes Land. Dann überfliegt im Uhrzeigersinn die Nachbarländer, umkreist euer Land und beleuchtet die Länder hinter euren Landesgrenzen. Jedes Land bekommt automatisch die Farbe und Energie, die es momentan benötigt. Stellt euch vor, wie die Menschen, die dieses Licht empfangen, zu lächeln beginnen, wie sie strahlen, einander die Hände reichen und sich umarmen. Malt euch aus, wie Kranke genesen und sich mit neuer Lebenskraft aus dem Bett erheben. Visualisiert wie Menschen frohe Botschaften erhalten und einen Freudentanz veranstalten. Stellt euch lachende Frischverliebte vor. Überfliegt den Kontinent. Der Scheinwerfer wechselt vollautomatisch die Farbe, die gerade im betreffenden Gebiet benötigt wird. Überfliegt mit dem Licht jedes Land eures Kontinentes. Dehnt eure Reise aus nach Asien. Ihr könnt euch gern auch einen Globus oder Atlas zur Hilfe nehmen. Bestrahlt mit eurem Scheinwerfer alle Länder oberhalb des Äquators mit Kreisbewegungen im Uhrzeigersinn.

Haltet eure friedvolle Energie und sendet sie aus über den Scheinwerfer. Dann wechselt über den Ozean auf den Nordamerikanischen Kontinent, rotiert über Mittelamerika nach Südamerika, überquert den Äquator und verändert dann die Kreisbewegung des Strahlers – hier dürft ihr die Länder gegen den Uhrzeigersinn bestrahlen. Sendet Bilder der Liebe und Freiheit aus und bestrahlt alle Kontinente und Länder, die auf der südlichen Erdkugel liegen. Überall auf der Erde gibt es Menschen, die empfänglich sind für hohe Schwingungen und Freiheit, Gerechtigkeit, Liebe und Lebensfreude anstreben. Seid kreativ und lasst euch anleiten von eurer Seele!

Frage:
Danke für die Anleitung, sie ist sehr schön! Ich würde aber gerne wissen,
was die Kreisbewegung im Uhrzeigersinn im Norden und gegen den Uhr-
zeigersinn auf der Südhalbkugel für einen Sinn hat?

Jesus Sananda
Die Erde unterliegt den Gesetzen des Magnetismus und sie bewirken,
dass es eine Drehbewegung des Abwärtssoges gibt, die Enge erzeugt
oder in der Gegenrichtung Weite und Offenheit. Eure Abflüsse zeigen
euch die Saugkraft nach unten, und dieser Effekt kehrt sich auf der
Südhalbkugel der Erde um. Das heißt, wenn ihr auf der Nordhalbkugel lebt und eure gefüllte Badewanne ablaufen lasst, verschwindet
das Wasser gegen den Uhrzeigersinn im Ausguss – das ist die Sogkraft
nach unten. Wenn ihr Freiheit, Liebe, Heilung und Herzlichkeit aussenden möchtet, könnt ihr mit der Drehbewegung im Uhrzeigersinn
auf der Nordhalbkugel einen größeren Effekt erzeugen. Auf der Südhalbkugel kehrt sich die magnetische Energie um, so dass hier Kreisbewegungen gegen den Uhrzeigersinn Weite und Freiheit bedeuten.

Frage:
Wie kann man kriegerische Auseinandersetzungen in Zukunft ver-
hindern?

Jesus Sananda
Auf anderen Planeten wurde ein sehr einfaches, aber äußerst wirk-
sames Mittel gefunden. Die Staaten haben ein Abkommen unter-
zeichnet, was sinngemäß besagt, dass die Konfliktparteien und jeder
Waffenlieferant in diesen Krieg für die Reparationszahlungen und den
Wiederaufbau finanziell aufzukommen haben. Die Entschädigungszahlungen waren so hoch, dass fortan jede Regierung darauf geachtet
hat, keine Waffen mehr zu exportieren. Das hat vieles verändert und
brachte fast unmittelbar nach Unterzeichnung weltweite Diplomatie.
Schlagartig war Ruhe!

Humor als Zündstoff der Transformation

Konfuzius

Es gab bereits Zeitebenen vor euch, die diesen Wandel zu einer freiheitlichen, gleichberechtigten Gesellschaft vollzogen haben. Bei einigen ging es sehr rasch, sie hatten innerhalb von fünf Jahren auf mehreren Kontinenten ernsthafte Verbesserungen erreicht, andere brauchten dafür 10 Jahre, manche 20 und die ganz langsamen haben es zumindest in 100 Jahren geschafft.

Kommentar:
So wie ich uns einschätze, brauchen wir 200 Jahre. Die meisten Menschen sitzen in ihrer Opferhaltung fest, meckern zwar heimlich, aber sind nicht mal für eine Friedensmeditation zu gewinnen.

Konfuzius

Kannst du dir vorstellen, dass die Haupttransformationskraft aus dem Humor gepaart mit dem Internet erwächst?

Antwort:
Eigentlich nicht! Ich finde, viele haben das Lachen verlernt. Und das ist schade! Aber es wäre schön, wenn ihr uns mehr darüber erzählt, wie der Wandel auf anderen Zeitebenen stattgefunden hat.

Konfuzius

Nun zu Anfang war es ähnlich wie bei euch: Viele kleine Aktivitäten und wenig Hoffnung auf Veränderung. Es gab auch bei ihnen unterschiedliche Strömungen und Entwicklungen, die angestrebt wurden.

Die Montags- oder Freitagsdemonstrationen verbreiteten sich über Ländergrenzen und trieben die Menschen in größeren Städten auf die

Straße. Sie forderten Frieden, soziale Gerechtigkeit, Freiheit und faire Chancen für ihr Leben.

Andere Strömungen hatten etwas skurrile, an Verzweiflung grenzende Züge: Sie bemühten sich um Abspaltung vom Kernland. Industriestarke Regionen hatten plötzlich den Wunsch eigenständig zu werden, weil sie sich von der Abspaltung vollere Kassen versprachen. Die es geschafft haben sich zu lösen, mutierten schnell zum Steuerparadies. Was zur Folge hatte, dass viele Firmen der Restrepublik als Briefkastenfirmen abwanderten und die Missstände damit weiter verschärft wurden.

In die heiße Phase ging es in dem Moment, als die Zahlungsschwierigkeiten der Banken zunahmen. Zu dieser Zeit begriff die Erdbevölkerung, welche ungeheure Macht sie besaß! Hatte sie bisher geglaubt, die globale Diktatur des Geldes regiere die Welt, so erkannten sie jetzt, dass die Masse der Bevölkerung am viel längeren Hebel saß.

Ein weiterer Meilenstein waren Internetportale, die mit humorvoller „Anti-Werbung" auftraten. Da wurden kleine Spots gedreht oder einfach nur Bilder mit witzigen Kommentaren hochgeschaltet, die alle Missstände anprangerten. Beispiel: Das zahnlose Lachen einer Frau mit dem Kommentar: „Krankenversicherung in Griechenland – nie warst du zufriedener mit deinem Lächeln!"

Humor wurde zu der wirksamsten Waffe der Transformation! Diese Aktivität bekam so viel Zulauf, dass innerhalb weniger Monate das ganze Internet voll davon war. Alle Unzulänglichkeit wurden überdeutlich nachgezeichnet und ins Lächerliche gezogen. Die Bürger lachten über die Machthaber und gerieten vollkommen außer Rand und Band. Es wurde ernsthaft darüber nachgedacht das Internet zu verbieten.

Die Energie des Lachens katapultierte breite Massen der Bevölkerung in so eine hohe Schwingung, dass die Verhöhnten eher einen hilflosen

Eindruck machten. Es war Volksfeststimmung! Menschen trafen sich lachend auf den Straßen und Plätzen und schauten gemeinsam ihre Lieblingsspots an und produzierten spontan vor Ort neue. Fast nebenbei blockierten sie die Eingänge von Banken und Regierungsgebäuden und behinderten Lobbyisten an ihrer Tätigkeit.

Von dieser Menschenmenge strömte eine Energie der Freiheit aus, die absolut ansteckend und einladend war. Innerhalb kurzer Zeit schwappte diese Volksfeststimmung über alle Kontinente. Sobald ein Politiker Lösungsvorschläge zur Eindämmung machte, tauchten innerhalb von Minuten humorvolle Beiträge im Netz auf. Einige warfen das Handtuch mit dem Kommentar: „Ich schließe mich jetzt den Komikern auf der Straße an!"

Polizisten und Soldaten, die herbeigerufen wurden, um die Versammlungen aufzulösen, ließen sich vom Humor anstecken und drehten eigene Werbespots über die Einsparungen bei Polizei und Truppe. Die Zusammenkünfte besaßen nichts bedrohliches, sondern die meisten hatten Kiefer- und Bauchschmerzen vom Lachen. Es war die Befreiung von jeglicher Enge und Ungerechtigkeit, und sie ging leicht und humorvoll vonstatten.

Kuthumi

Gut, meine Lieben, ihr wisst wir sprechen von einer anderen Zeitebene und das bedeutet, jede Erdbevölkerung erschafft sich ihre eigene Zukunft. Und vielleicht seid ihr ja viel zu ernsthaft, um so einen humorvollen Weg zu beschreiten – es ist ohnehin nur eine Wahrscheinlichkeit von vielen. Und wir möchten euch auch mitteilen, dass nach dieser weltweiten Demonstration keineswegs über Nacht eine perfekte Welt erschaffen wurde. Es folgten mehrere Jahre lang schrittweise Veränderungen. Die Etablierung eines neuen Zahlungssystems, notwendige Korrekturen in der Außenpolitik und viele gesellschaftliche Anpassungen waren die Folge. Aber jede Veränderung stärkte die Gerechtigkeit, die Fairness, den Frieden und die Lebensqualität.

Erinnert ihr euch, wie der Sozialismus zusammenbrach? Jahrelange Unzufriedenheit, Misswirtschaft, Reiseverbot, Mauern und Gängelei der Bevölkerung ohne eine Chance auf Veränderung wurden innerhalb eines Sommers hinweggefegt.

Glaubt an eure eigene Kraft! Seid gesegnet und eingehüllt in das göttliche Licht der Quelle!

Verabschiedung

Geliebte Schülerinnen und Schüler des Lichtes, wir, die Aufgestiegenen Meister schauen mit Spannung und Wohlwollen auf die irdische Ebene und freuen uns schon jetzt auf eure „Anti-Werbung". Wir hoffen, dass wir viele Unklarheiten beseitigen und euch die Zusammenhänge erhellen konnten. Ihr seid die anwesenden Akteure und damit die Meister über Zeit und Wandel!
Wir unterstützen euch gern bei allen euren Entwicklungsschritten und wünschen euch ganz, ganz viel Humor!

Wir segnen euch mit Leichtigkeit, Liebe, Licht und Lebensfreude!

Danksagung

Ich möchte mich ganz herzlich bei den Aufgestiegenen Meistern für die wunderbaren Durchsagen bedanken! Im Unterschied zu vorherigen Büchern kamen diese Botschaften fast ausschließlich als Diktat, und ich hatte das starke Gefühl, dass es der geistigen Welt wichtig war besonders brisante Themen anzusprechen. Ich hoffe, dass die wertvollen Ideen darin dazu beitragen können, die Welt, in der wir alle leben, friedlicher zu machen und das Zusammenleben aller zu bereichern.

Des Weiteren möchte ich mich bei allen Lesern des Buches für ihren guten Geschmack bedanken! Auch Annelie und Monika, die viele Stunden Korrekturlesen klaglos übernommen haben, waren eine große Hilfe!

Danke! Danke! Danke! Ich wünsche euch allen viel Freude, innere Zufriedenheit und friedvolle, bereichernde Veränderungen. Vielleicht treffen wir uns irgendwann auf einem Seminar. (Hinweis: nächste Seite)

Ute Kretzschmar, November 2014

Die Seminare 1 bis 3 beinhalten eine Ausbildung zum Lichtbotschafter, gewürzt mit viel spirituellem Wissen:

1. **Teil:** das feinstoffliche System / Kontakt Emotionalkörper. Aussöhnung mit Gefühlen und Vergangenheit. Die inneren Stimmen im Kopf: der Verteidiger, der Kritiker und der Antreiber / Selbstbeobachtung. Von der göttlichen Quelle in die irdische Existenz / die Entstehung der feinstofflichen Familie / die Rolle des Hohen Selbstes - Energieaustausch. Dualseelen, irdisch und feinstofflich. Gruppen-Channeling. Dauer: 2,5 Tage

2. **Teil:** das mentale Selbst und die Verbindung zum Kollekt. Bewusstsein. Opfer- & Kämpferspiel / Schwachstellen reifer Seelenalter. Antreiber / Kritiker / Verteidiger – Prägung Kindheit / Rückführung und Aussöhnung. Die innere Weisheit - deine Entscheidungshilfe! Clearing und **Ausbildung zum Schreibkanal**. Aussöhnung mit problemat. Menschen. Die Krönung. Gruppen-Channeling. Dauer: 2,5 Tage

3. **Teil: Ausbildung zum Sprechkanal.** Das Erkennen persönl. Glaubenssätze und Auswirkung aufs Leben. Channelstein laden mit Erzengel Gabriel. Löschen negativer Gedanken. Der Kanalhüter. Wir üben mehrmals den Sprechkanal. Das Ende des Inkarnationszyklus: Die kymische Hochzeit, die Prüfungen in den Meisterjahren und der Rückweg zur göttlichen Quelle. Die Einweihung. Gruppen-Channeling. Dauer: 2,5 Tage

4. **Teil: Die Befreiung von Altlasten.** Gelübde: Armuts-, Keuschheits-Gehorsams- und Schweigegelübde werden aufgelöst mit Erzengel Uriel. Herausfinden und Neutralisieren der polaren Urmuster. Hologrammkino - Täterrolle – Aussöhnung. Intensive Wirkung!

Wohlstand – die magische Kraft der Anziehung von Fülle. Der Tod. Das Herauslösen von Besetzungen. Schutz – Erzengel Michael. Gruppen-Channeling! Dauer: 2 Tage

5. Teil: Die praktische Anwendung der Neuen Energie
Die neue Energie und ihre Auswirkungen auf unser Resonanzfeld. Der bewusste Umgang mit Sorgen und Schlafstörungen. Der Heile-Welt-Ort. Innere Stimmen - Erweiterung: Der innere Richter / der Dramatiker. Existenzangst loslassen. Wind of change / Wir erschaffen eine neue Welt. Gruppen-Channeling.
Dauer: 2 Tage

Teile 4 & 5 können unabhängig von den ersten 3 besucht werden.

Zu jedem Seminarteil gibt es ausführliche, schriftliche Unterlagen, sowie eine Kopie vom Gruppen-Channeling. Aktuelle Preise und Veranstaltungsorte findet ihr unter: www.Ute-Kretzschmar.com
Aktualisiert 2014

In Vorbereitung: Seminar über Computerspielsucht.

Folgende Artikel sind von Ute Kretzschmar im Antar-Verlag erschienen:

Chaos und göttlicher Wandel –
Lebensnah und hilfreich werden wir auf
einen großen Wandel in der Gesellschaft
und im Inneren vorbereitet.
Ute Kretzschmar / Meister Konfuzius &
Kuthumi
Buch: 164 Seiten / D 15,90 €
ISBN 978-3-9815215-04

Erzengel Michael: Schutz
Ein magischer See, zwei Delphine und ein
unterirdisches Lichttor führen dich auf die
Insel von Erzengel Michael. Der göttliche
Schutz ist dir gewiss.
Meditations-CD 30 min.
Ute Kretzschmar / Erzengel Michael
D 14,90 € ISBN 978-3-9815215-35

Das innere Haus – Fantasiereise durch
Körper, Geist und Seele. Ordne dein
System, sprich mit dem inneren Antreiber,
Kritiker und Verteidiger. Treffen mit göttl.
Hohen Selbst, verbind. mit Meister &
Erzengelebene.
Meditations-CD 57 min. D 14,90 €
Ute Kretzschmar / Meister Kuthumi
ISBN 978-3-9815215-11

Von der göttlichen Quelle... die Genesis nach Kuthumi. **Spirit. Wissen** im Vortrag: Androgynes & Duales Universum, Jenseits, Seelenfamilie, Monade, Hohes Selbst & Dualseele – klar und humorvoll erzählt. CD-Livemitschnitt, 51 min., D 13,90 €
Ute Kretzschmar – nach Meister Kuthumi
ISBN 978-3-9815215-80

Reisen in feinst. Sphären – Der Tod ihres Freundes führt die Autorin zu außerkörpl. Erfahrungen. Der Beginn einer 10-jährigen Ausbildung zum Medium & spirit. Lehrer.
Hörbuch / 2 CD's, Format mp3
10 Stunden Ute Kretzschmar / Meister Konfuzius & Kuthumi / D 19,90 €
ISBN 978-3-9815215-66

Außerdem im Antar-Verlag erschienen:

Maria – eine himmlische Beruhigung
Dieser Gesang verbindet dich mit deiner Seele und deiner geistigen Heimat.
Er beendet Stress, Hektik und Todesangst.
Gesang in Lichtsprache / Erika Kretzschmar / Jesus Christus / 45 min. D 14,90 €
ISBN 978-3-9815215-28

ANTAR-VERLAG
Im Enzengarten 3
79379 Müllheim
Mail: antar-verlag@t-online.de
Tel.: 0049-(0)7631-170356
Lese- & Hörproben: www.antar-verlag.de
Wir freuen uns über ihre Bestellungen
über den Buchhandel oder direkt.

**Ältere Artikel von Ute Kretzschmar
sind über den ch.-falk-verlag bestellbar:**

Bücher:
„Die Seele in den Meisterjahren" (2004)
ISBN 3-89568-127-X

„2012 und danach" (2009)
ISBN 978-3-89568-211-7

Meditations-CD's:
„Die Reise zum Seelenpartner" (2003)
ISBN 3-89568-122-9

„Christuspräsenz und Allmacht" (2005)
ISBN 3-89568-131-8

„Lichtsäulen-Clearing" (2007)
ISBN 3-89568-157-1

„Die Krönung" (2009)
ISBN 978-3-89568-174-5